오키나와에
반 하 다

오키나와에 반하다

초판 인쇄일 2015년 7월 10일
초판 발행일 2015년 7월 20일

지은이 리넨 편집부
발행인 박정모
등록번호 제9-295호
발행처 도서출판 혜지원
주소 (413-120) 경기도 파주시 회동길 445-4(문발동 638) 302호
전화 031)955-9221~5   팩스 031)955-9220
홈페이지 www.hyejiwon.co.kr

기획·번역 송유선
디자인 김보라
영업마케팅 김남권, 황대일, 서지영
ISBN 978-89-8379-861-9
정가 13,000원

Liniere Okinawa
Edited by editorial department of Liniere

Copyright © 2014 edited by editorial department of Liniere
Original Japanese edition published by Takarajimasha, Inc.
Korean translation rights arranged with Takarajimasha, Inc.
through Danny Hong Agency.
Korean translation rights © 2015 by Hyejiwon Publishing Co.

이 책의 한국어판 저작권은 대니홍 에이전시를 통한 저작권사와의 독점 계약으로 도서출판 혜지원에 있습니다.
저작권법에 의해 한국 내에서 보호를 받는 저작물이므로 무단전재와 복제를 금합니다.

이 도서의 국립중앙도서관 출판예정도서목록(CIP)은 서지정보유통지원시스템 홈페이지(http://seoji.nl.go.kr)와
국가자료공동목록시스템(http://www.nl.go.kr/kolisnet)에서 이용하실 수 있습니다.(CIP제어번호: CIP2015017310)

• 이 책의 일부 글꼴(폰트)은 세종대왕기념사업회에서 개발한 -문체-부 쓰기 정체 입니다.

오키나와에 반하다

리넨 편집부 지음

헤지원

소중히 간직해 두고 싶은 오키나와 여행

마린블루 색의 바다, 길게 뻗은 부두, 풍토를 느낄 수 있는 맛있는 식사.
느긋하게 흘러가는 시간과 왠지 모를 그리움이 넘치는 곳.

꾸미지 않은 자연에 마음도 몸도 이완되지만
섬 곳곳에서 만나게 되는 예쁜 마을은 때때로 가슴을 두근거리게 해요.

시간을 들여 손수 만든 아기자기한 물건들에서 느껴지는 정성,
날것 그대로의 자연,
멀리 눈을 돌리면 보이는 맹그로브 숲,
무한한 우주 속의 작은 나를 깨닫게 하는 별빛 가득한 밤하늘.
이 모든 것이 오키나와가 가지는 '멋'입니다.

오키나와에서는 누군가에 서항하거니 기스르는 일 따위 없어요.
그저 흘러가는 대로 살아가는 날들이지요.

바다 저편에서 특별한 시간을 보낼 수 있는 여행.
진정한 오키나와를 찾아 떠나볼까요.

오키나와에 반하다

CONTENTS

프롤로그   4

01 인트로

오키나와의 해변   14
오키나와 홀릭 7명의 추천 스폿 12   24
현지인처럼 즐기는 오키나와   29

02 지역별 가이드

오키나와 전체 지도   44
나하 · 슈리 지도   46

섬의 전통과 트렌드를 동시에 즐길 수 있는 나하 那覇

01 생활 속에서 만나는 오키나와 문화   51
02 오키나와 부엌 산책   53
03 유유자적 나하의 볼거리 산책   58
걷고 싶은 나하의 거리   64
04 오키나와의 하나뿐인 물건을 만나다   68
05 사랑받는 로컬 런치   73
06 현지의 인기 가게   77
07 밤이 즐거워지는 술집 순례   82
08 아침밥이 맛있는 나하 호텔 가이드   85

북부 지도　90

남국의 대자연을 만끽할 수 있는 **북부**北部

01 몸이 느긋해지는 네이처 스폿　95
02 숲 속에서 부리는 사치, 네이처 카페　97
03 꼭 먹어 봐야 하는 남국의 음식　102
04 섬의 수공예품 발견, 공방 방문하기　106
05 휙 둘러보는 북부 드라이브 코스　111
06 페리로 30분, 발을 조금만 더 뻗어 이에 섬에　118
07 바다와 숲으로 둘러싸인 북부 리조트 호텔　124

중부 지도　128

미국의 문화를 접할 수 있는 **중부**中部

01 지금 바로 주목해야 할 곳! 기타나카구스쿠손과 오키나와시　131
02 아메리칸 느낌이 물씬! 외국인 주택 리노베이션　134
03 맛있는 것이 가득한 미나토가와 외국인 주택 지역　141
04 발견해내고 싶은 물건이 가득한 오야마 인테리어 거리　147
오키나와의 그릇 ~ 도공의 마을 요미탄손을 방문하다　154
요미탄손과 카데나초의 수공예　160

남부 지도   164

바다와 고택, 원풍경이 숨 쉬는 **남부**南部

01 바다를 바라보며 보내는 특별한 순간   167
02 느긋하게 즐기는 남부 드라이브   169
03 아카가와라 음식점과 오키나와 식재료 카페   175
04 현지 작가의 갤러리 숍 투어   182
오키나와 선물   188

Special Page
하야카와 나나미 씨와 함께 돌아보는 그릇과 수공예 가게   193

01 소박하면서 따뜻한 전통이 숨 쉬는 그릇   194
02 생활과 가까운 부드러우면서 세련된 그릇   196
03 일상을 공예와 함께   200

03 오키나와 숙소 가이드

01 작지만 기분 좋은 호텔　206
02 하루 한 팀 한정의 특별한 숙소　220

04 오키나와 여행 정보

01 오키나와 기본 정보　228
02 오키나와 교통수단　230
03 공항 쇼핑　232
04 오키나와 본섬에서의 이동　234
05 오키나와 관광 캘린더　236

INDEX　238

01
인트로
INTRO

오키나와의 해변

지명도 높은 유명한 해변부터 잘 알려지지 않은 숨겨진 해변까지 오키나와현 내에는 100개가 넘는 해변이 있다. 깜짝 놀랄 정도로 눈부신 해변에서 느긋한 시간을 보내보자. 여기에서는 테마별로 나눈 11개의 해변을 소개하고자 한다.

01 에메랄드빛 바다가 눈부신 해변

일본의 환경부가 인정하는 3대 해변이다. 뛰어난 경관과 투명한 바다는 물론, 설비와 교통편까지 편리한 베스트 해변이다.

만자 비치
万座ビーチ

'ANA 인터컨티넨털 만자 비치 리조트' 앞에 펼쳐져 있는 해변으로 즐길 수 있는 수상 액티비티가 가득하다. 하얀 모래사장과 투명한 바다가 특징이며 눈앞의 경승지인 '만자모 万座毛'의 경관이 인상적이다.

Map P92-Area2
Add 恩納村瀬良垣2260
Tel 098-966-1211(ANA 인터컨티넨털 만자 비치 리조트)
Service 연중무휴
Fee 무료
Road 야카이 屋嘉 IC에서 7km

Map P129-Area1
Add 恩納村山田 3425-2
Tel 098-965-0707(르네상스 리조트 오키나와)
Service 연중무휴
Fee 어른 3,000엔, 어린이 2,000엔, 숙박객 무료
Road 이시카와石川IC에서 5km

르네상스 비치
ルネッサンスビーチ

가족들에게 인기 있는 '르네상스 리조트 오키나와'의 부지 안에 위치해 있다. 시간이 지남에 따라 일곱 가지 색으로 변화하는 해면은 마치 한 폭의 그림과 같이 아름답다. 다채로운 액티비티 중 돌고래를 직접 접할 수 있는 프로그램이 인기 있다.

Map P129-Area1
Add 恩納村谷茶1496
Tel 098-964-6611(리잔 시 파크 호텔 탄차 베이)
Service 4~10월
Fee 무료
Road 이시카와石川IC에서 6km

리잔 시 파크 비치
リザンシーパークビーチ

남북으로 800m에 이르는 천연 백사장이 이어지는 롱 비치이다. 인접해 있는 대형 리조트 '리잔 시 파크 호텔 탄차 베이'에서는 다양한 마린 프로그램을 체험할 수 있다.

02 고급 리조트 호텔의 프라이빗 비치

고급 리조트 호텔에 인접해 있는 해변은 왠지 쉽게 들어갈 수 없을 것 같다. 하지만 사실 시설료 등을 지불하면 숙박객이 아니어도 가볍게 이용할 수 있다.

부세나 비치
ブセナビーチ

오키나와를 대표하는 럭셔리 호텔 '더 부세나 테라스'. 부세나 비치는 부세나 곶의 서쪽 약 760m에 걸쳐 펼쳐져 있는 하얀 모래의 해안이다. 각종 수상 스포츠도 즐길 수 있다.

Map P91-Area2
Add 名護市喜瀬1808
Tel 0980-51-1333(더 부세나 테라스)
Service 4~10월
Fee 2,000엔(숙박객은 무료)
Road 쿄다許田IC에서 3.7km

Map P129-Area1
Add 読谷村儀間600
Tel 098-982-9111(호텔 닛코 알리빌라)
Service 4~10월
Fee 무료
Road 이시카와IC에서 13km

니라이 비치
ニライビーチ

'호텔 닛코 알리빌라' 앞의 아름다운 천연 해변이다. 니라이 비치의 상징적 존재인 버섯 바위를 둘러싼 야트막한 바다는 조수간만에 의해 다양한 분위기를 연출한다.

Map P91-Area1
Add 国頭村奥間913
Tel 0980-41-2222(JAL 프라이빗 리조트 오쿠마)
Service 연중무휴
Fee 어른 750엔, 어린이 520엔(숙박객은 무료)
Road 쿄다IC에서 30km

오쿠마 비치
オクマビーチ

자연이 풍부한 얀바루 지구(오키나와 본섬 북부의 산이나 삼림 등 자연이 많이 남아 있는 지구)에 위치해 있으며, 약 1km 정도 이어지는 천연 해안이다. 광대한 부지를 자랑하는 'JAL 프라이빗 리조트 오쿠마'의 비치 클리너에 의해 항상 아름다운 경관이 유지되고 있다.

03 색색의 물고기와 놀 수 있는 해변

오키나와의 바다에서는 산호초 위를 헤엄치는 다양한 색의 물고기와의 만남도 즐거움 중 하나. 도구를 빌려 스노클링에 도전해 보는 건 어떨까?

미바루 비치

新原ビーチ

야트막한 바다가 약 2km에 걸쳐 이어지는 천연 해안으로, 오키나와의 소박한 풍경이 짙게 남아 있다. 스노클링이나 글라스보텀 보트로 바다 속을 천천히 관찰해 보자.

Map P165-Area1
Add 南城市玉城百名
Tel 098-948-1103(미바루 마린센터)
Service 연중무휴
Fee 무료(5~10월은 500엔), 샤워 시설 요금 별도
Road 하에바루미나미[南風原南]IC에서 10km

Map P92-Area3
Add 本部町瀬底
Tel 0980-47-7000(세소코 비치 우미노이에)
Service 4~10월
Fee 무료
Road 쿄다許田IC에서 25km

세소코 비치
瀬底ビーチ

모토부 반도와 세소코 대교로 연결되어 있는 세소코 섬의 남쪽 해안에 위치해 있는 천연 롱 비치이다. 하얀 모래사장도 매력적이지만 다양한 종류의 물고기가 가득한 바다는 스노클링을 하기에도 최적이다.

Map P128
Add うるま市与那城伊計405
Tel 098-977-8464
Service 4~10월
Fee 어른 400엔, 어린이 300엔
Road 오키나와기타沖縄北IC에서 28km

이케이 비치
伊計ビーチ

해중도로를 건너 끝에 있는 이케이 섬을 대표하는 해변. 구명조끼를 렌탈해 착용하면 자신의 장비를 가져와서 스노클링을 즐길 수 있다. 다른 해상스포츠도 다양하게 준비되어 있다.

04 드넓은 바다에 둥실 떠 있는 무인도 해변

사람의 손길이 닿지 않은 자연이 그대로 남아 있는 무인도. 당일치기 투어를 이용하면 발견이 가득한 시간을 보낼 수 있다. 360도 수평선을 독점할 수 있는 경험은 이곳에서만 가능한 일.

나간누 섬
ナガンヌ島

나하에서 20분, 오키나와 본섬의 서쪽 앞바다 약 15km의 케라마慶良間 제도에 있는 무인도이다. 투명한 바다를 만끽할 수 있는 스노클링이나 오션 워크, 하늘에서 바다를 즐기는 패러세일링 등 다양한 수상 레저를 즐길 수 있으며 각종 설비도 갖추어져 있다. 당일치기는 물론 코티지에서 숙박도 가능하다.

Map P164
Add 那覇市泊3-14-2
Tel 098-860-5860
Homepage www.nagannu.com
Service 연중무휴
Fee 당일치기 4~6월 3,900엔, 7~9월 5,400엔
Road 유이레일 미에바시美榮橋 역에서 도보 15분

코마카 섬
コマカ島

치넨 반도知念半島의 앞바다 2km에 떠 있는 700m 거리의 작은 무인도. 고속선으로 약 15분만에 도착할 수 있다는 장점이 있다. 토끼나 제비갈매기가 서식하고 있는 등 자연이 풍부하며, 해변에서는 다양한 열대어를 볼 수 있다.

Map P164
Add 南城市知念久手堅676
Tel 098-948-3355(치넨 해양 레저센터)
Homepage www.chinenmarine.co.jp(치넨 해양 레저센터)
Service 연중무휴
Fee 2,500엔(왕복)
Road 하에바루기타南風原北IC에서 15km

오키나와 홀릭 7명의 추천 스폿 12

오키나와 홀릭인 7명이 비장의 장소를 소개한다.
누구보다 오키나와를 자주 간다는 이들의 추천 장소는 꼭 가볼 것!

요리가 호시야 나나

편집·라이터
아카기 마유미

문필가 카이 미노리

모델 카카즈

라이터 미야시타 아키

포토그래퍼
마츠모노 에리코

카페 '토리' 오너
오카모토 마사에

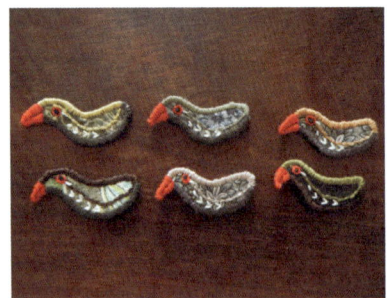

SHOP 네코라이온 ネコライオン

(오카모토 마사에 추천)

"오너인 아야 씨가 여행에서 만난 잡화들이 굉장히 멋져요. 고르는 것이 즐거운 가게예요. 커피도 맛있고, 왠지 마음이 놓이는 곳이에요."

Add 国頭那今帰仁村今泊1476-3
Tel 0980-56-5758
Homepage nekolion.ti-da.net
Open 09:00~17:00, 수요일 및 목요일 휴무

오키나와에 반하다

SHOP **mofgmona no zakka** 〔호시야 나나 추천〕

"오키나와의 잡화나 그릇 중에서도 센스가 돋보이는 것들만 모여 있어요. 카페의 분위기도 좋았어요."

Add 宜野湾市宜野湾2-1-29 301
Tel 050-7539-0473
Homepage mofgmona.com
Open 런치 월~금요일 11:30~15:30
카페&디너 월, 수~금요일 17:00~24:00,
토요일 15:00~24:00, 일요일 15:00~22:30

SHOP **쿠다카 민예점** 久髙民藝店 〔미야시타 아키 추천〕

"오키나와의 그릇이나 염색물 등 민예품을 모아 놓은 노포예요. 오키나와에 놀러 가면 반드시 들르는 곳이죠. 젊은 작가와의 만남도 즐거워요. 류큐 글래스나 도자기는 선물로 하기 좋아요."

Add 那覇市牧志2-3-1 K2ビル1階
Tel 098-861-6690
Open 10:00~22:00

SHOP **온나노에키** おんなの駅 〔미야시타 아키 추천〕

"온나손의 도로에 있는 역이에요. 휴게소 같은 개념으로, 잠깐 들러 간식거리로 배를 채우기 좋아요. 계절 과일이나 시마야사이(오키나와 야채)로 만든 잼 등 오키나와의 맛있는 것들이 잔뜩 있답니다."

Add 国頭郡恩納村字仲泊1656-9
Tel 098-964-1188
Homepage onnanoeki.com
Open 10:00~19:00

FOOD 얏케부스 ヤッケブース

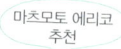
마츠모토 에리코 추천

"오키나와의 첫 팬케이크 전문점. 이곳의 오리지널 팬케이크는 종류도 풍부해요."

Add 中頭郡読谷村字都屋436 No.44
Tel 098-894-4185
Open 10:00~17:00, 토요일~일요일 08:00~16:00(영업시간은 계절에 따라 변경될 가능성 있음)

FOOD 오션 オーシャン

카카즈 추천

"맛과 가격 모두 만족스러운 타코스를 파는 곳이에요. 가게 안에는 작은 스테이지가 있는데, 깜짝 라이브가 펼쳐지는 일도 있어요."

Add 沖縄市中央2-15-2
Tel 098-938-5978
Homepage www.koza-ocean.com
Open 12:00(가끔 13:30)~24:00, 부정기휴무

FOOD 키노스토어 きのストアー

마츠모토 에리코 추천

"겉모습이 귀엽고 맛도 좋은 과자 전문점. 가게 분위기도 멋져요. 레몬 케이크와 당근 케이크를 추천합니다."

Add 国頭郡宜野座村宜野座443
Tel 098-968-6036
Homepage www.kino-store.com
Open 목~토요일 10:00~17:00, 월~수요일 및 일요일 휴무

> 오카모토 마사에 추천

SPOT 열대 드림 센터 熱帯ドリームセンター

"남국의 진귀한 식물을 관찰할 수 있는 재미난 곳. 제가 갔을 때는 그렇게 붐비지 않아서 숨겨진 명소 같은 느낌이었어요. 건물도 모던하고 멋집니다."

Add 国頭郡本部町石川424(해양박공원 내)
Tel 0980-48-3624
Open 3월~9월 08:30~19:00, 10월~2월 08:30~17:30. 매년 12월 첫 번째 수요일과 그 다음 날 휴관

> 호시야 나나 추천

SPOT 오리온 해피 파크 オリオンハッピーパーク

"맥주 공장을 견학할 수 있고, 갓 만들어진 맥주도 마실 수 있어요! 안주로 나오는 땅콩이 맛있어서 선물로 잔뜩 사왔답니다."

Add 名護市東江2-2-1
Tel 0980-54-4103
Homepage www.orionbeer.co.jp
Open 09:20~11:40, 13:20~16:40(소요시간 약 60분, 예약 우선, 연말연시 휴무
Fee 무료

> 카카즈 추천

SPOT 세룰리안 블루 セルリアンブルー

"오키나와 출신사로시 꼭 아름다운 바다의 세계를 체험해 보셨으면 좋겠습니다. 바다 속 자연의 세계, 그곳에 있는 생물들을 보면 반드시 무언가를 느낄 수 있을 거예요."

Add 那覇市曙2-24-13曙沖南ビル6-A
Tel 098-941-6828
Homepage www.cerulean-blue.co.jp
Open 09:30~18:30, 토·일요일 및 공휴일 08:00~22:00. 부정기휴무
※ 다이빙이나 고래 관찰 등 다양한 수상 액티비티 프로그램 있음

HOTEL 더 테라스 클럽 앳 부세나
ザ・テラスクラブアットブセナ

아카기 마유미 추천

"나고 만名護湾을 바라볼 수 있는 절호의 지역에 위치해 있으며 아늑한 분위기로 지내기 편해요. 날씨가 안 좋을 때도 쾌적하게 지낼 수 있습니다. 나고 시의 중심지까지 버스나 택시로 갈 수 있는 거리라서 편리해요."

Add 名護市喜瀬1750
Tel 0980-51-1113
Homepage www.terrace.co.jp/clubatbusena
Fee 1박(조식 포함) 73,700엔부터

HOTEL 호텔 문 비치 ホテルムーンビーチ

카이 미노리 추천

"이름부터 로맨틱한 이곳은 많은 추억이 새겨진 클래식한 리조트 호텔입니다. 호텔의 바로 앞에 아름다운 초승달 모양의 해변과 자연이 펼쳐져 있어요."

Add 国頭郡恩納村字前兼久1203
Tel 098-965-1020
Homepage www.moonbeach.co.jp
Fee 1박(조식 포함) 10,500엔부터

"천천히 맛이 전해지는 빵을 만들고 싶다"고 말하는 무나카타 요시오 씨의 빵

현지인처럼 즐기는 오키나와

파란 하늘, 정열적인 태양, 산호가 빛나는 바다. 이렇게 관광 명소나 향토 요리, 호화로운 호텔에서의 순간을 즐기는 '정석 오키나와 여행'도 즐겁지만 모처럼 갔으니 '아직 알려지지 않은 오키나와'를 훔쳐보는 건 어떨까. 섬의 일상에 한 발 내밀어 보면 그곳에는 도시의 생활에서 원했던 사람과 사람의 만남, 그리운 세계가 남아 있다. 카페나 외국인 주택의 가게, 공방 투어, 멋진 바 등 '오키나와 스타일'을 찾아 나만의 소중한 여행을 떠나보자.

01 남국의 음식

열대과일을 풍족히 사용한 스위츠와 섬의 풍부한 재료로 만든 수제 빵은 지금의 오키나와에서 빠질 수 없는 음식들이다. 현지의 개성이 반짝이는 음식을 꼭 먹어 보자.

무나카타도
宗像堂

오픈 이래 계속 이어 온 천연 효모, 가마로 구운 깊은 맛의 빵

장작을 때서 가마에 구운 빵은 겉은 바삭하고 속은 부드럽다. 가게를 연 후 다양한 소재를 사용하며 10년 간 이어 온 천연효모는 무나카타도의 역사 그 자체라고 할 수 있다. 바게트(하프 190엔)와 같은 기본 빵부터 오키나와 재료를 사용한 빵까지, 70종이 넘는 빵에서 그 시간의 무게까지 전해져 오는 듯하다.

Map P129-Area2
Add 宜野湾市嘉数1-20-2
Tel 098-898-1529
Homepage www.munakatado.com
Open 10:00~18:00, 수요일 휴무

1 현지인들에게도 줄곧 사랑받아 온 무나카타도, 올해로 오픈 11년째이다
2 월·수·토요일에 갓 구운 빵이 진열된다
3 종이봉투의 디자인은 미나 페르호넨의 작품

And More...

류핀 온나노에키점

오키나와산 과일이 듬뿍. 아이스 마운틴(빙수) 트로피컬 프루트는 보기만 해도 행복해진다. 자세한 내용은 P104 참조.

ippe coppe

외국인 주택을 개조하여 만든 가게로, 이곳의 빵은 매우 인기 있어 품절일 때가 많다. 자세한 내용은 P141 참조.

Gallivantbakery

토요일에만 영업을 하는데도 불구하고 손님이 끊이지 않는 인기 가게. 신선한 야채를 사용한 장기간 발효 빵이 평판이 좋다. 자세한 내용은 P103 참조.

02 섬의 아침 식사

적당한 기온에 사람들과 시간도 어딘가 느긋한 곳. 이런 기분 좋은 여행에서의 아침은 식사도 천천히 시간을 들여서 해보자. 오키나와의 자연과 마을의 신선한 공기에 둘러싸여 먹는 아침밥의 맛은 특별할 것이다.

1

플라우만스 런치 베이커리
PLOUGHMAN'S
LUNCH BAKERY

멋진 경관을 바라보며 상쾌한 아침을 보낼 수 있는 베이커리 카페

기타나카구스쿠손北中城村의 작고 높은 언덕 위, 차를 세우고 좁은 계단을 오르면 그곳에 나타나는 것은 멀리까지 바라볼 수 있는 기분 좋은 조망과 풍부한 자연에 동화된 듯 멈춰 있는 베이커리 카페. 8시에 오픈하기 때문에 조금 빨리 일어나서 아침 식사를 하며 그날의 일정을 생각해 보는 것도 좋을 것 같다. 오리지널 블렌드로 만드는 커피는 에스프레소 계열(아메리카노, 라테 등)로 깊은 맛을 느낄 수 있다. 매일 아침 구워지는 빵은 11시경 가게 앞에 진열된다.

Map P129-Area2
Add 北中城村安谷屋927-2
Tel 098-979-9079
Homepage ploughmans.net
Open 08:00~16:00(조식 08:00~11:00, 런치 10:00~15:00), 수요일 휴무

1 모닝으로 먹을 수 있는 생햄과 카망베르 샌드 세트生ハムとカマンベールサンドのセット 905엔(스프 포함). 날씨가 좋으면 바다도 바라다보이는 야외 자리도 추천한다.
2 오너가 외국인 주택을 직접 개조하여 만든 가게 내부는 중고 가구가 센스 좋게 배치되어 있다. 낡은 문을 열면 차분한 분위기의 공간이 펼쳐진다.

2

And More...

마법커피
여행서가 잔뜩 늘어져 있는 공간에서 느긋한 아침 식사를 해 보자. 여행지에서 다음 여행지를 고민하는 아침은 생각만 해도 기분 좋다. 자세한 내용은 P139 참조.

오키나와 다이이치 호텔
약 50여 가지의 반찬이 나오는 '악선 조식 楽膳朝食'이 유명하며, 전국적으로 이 조식의 팬이 많다고 한다. 자세한 내용은 P85 참조.

03 오키나와 일상 체험

시장에서 재료를 조달받아 제철 야채로 향토 요리를 만들어 보자. 이렇게 요리를 한다는 것만으로도 오키나와의 생활을 잠시 체험해 볼 수 있으며, 충실한 시간을 보낼 수 있다. 뭐니 뭐니 해도 현지 사람으로부터 듣는 생생한 오키나와 이야기가 매우 신선하다. 이런 귀중한 체험을 하고 나면 오키나와로 이사하고 싶은 마음이 들지도 모른다.

1

2

욘나 푸드
よんなーフード

식재료의 조달부터 체험할 수 있는 오키나와 요리 교실

푸드 코디네이터인 카요 씨는 관광객을 위한 요리 교실을 운영하고 있다. '욘나 푸드의 오키나와 생활'이라고 이름붙인 프로그램에서는 고야 참프루, 라후테 등 일반적인 오키나와 요리부터 미누다루, 이나무두치 등 류큐 궁중 요리까지 10가지 정도의 요리에 도전할 수 있다. 식재료는 강사인 카요 씨가 시장을 가이드하면서 조달한다. "시장에는 돼지고기, 마른 식품, 야채 등 식재료가 풍부해요. 시장의 매력을 알아주셨으면 좋겠어요."라는 카요 씨. 퀵 코스, 스탠더드 코스, 프리미엄 코스의 3개의 코스가 준비되어 있으며, 2~3시간과 단시간에 체험할 수 있는 코스도 있기 때문에 시간이 없는 사람들도 부담없이 참가할 수 있다. 여행의 추억으로 오키나와 요리에 도전해 보자.

Add 那覇市奇宮2-5-8
Tel 098-832-7747
Homepage www.yonnerfood.jp
Price 프리미엄 코스 12,000엔, 스탠더드 코스 9,000엔, 퀵 코스 4,500엔

1 완성된 요리. 사진은 스탠더드 코스로, 고야 참프루, 라후테, 쿠파쥬시, 아사지루, 고야 주스로 이루어진 한 상

2 완성한 요리 중 하나. 아와모리, 설탕을 넣은 육수로 돼지고기를 푹 조린 라후테는 입에서 녹을 정도로 부드럽다

3 시장에서 카요 씨의 교실로 이동하면 요리 교실 시작. 요리의 과정마다 섬세한 조언을 아끼지 않는다. "노력과 시간을 들여 가다랑어나 돼지고기에서 육수를 내는 것도 유념해 두길 바랍니다"라고 말하는 카요 씨(사진의 중앙). 요리를 맛있게 만드는 비법도 전수해 준다

4.5.6 요리 교실에서 사용하는 식재료는 시장에서 조달한다. 현지 사람과 함께 돌면 낯선 시장이라도 마음이 든든하다

04 공방 투어

사람의 손에서 태어나는 이 세상에 단 하나뿐인 그릇. 손바닥으로 살짝 감싸면 만든 이의 마음이 가슴에 닿을 것만 같다. 공방 투어는 그릇을 만드는 사람들의 마음을 직접 느끼는 여행이다.

갤러리 k.
gallery k.

오키나와의 나무로 깎아 만든 생명력 넘치는 그릇

정교한 기술로 오키나와의 나무들을 그릇이나 커틀러리로 만드는 목공가 후지모토 켄 씨. 마치 사람의 피부와 같이 개성이 각기 다른 나뭇결을 무늬로서 표현한 그릇은 생기 있어 보이고 촉감이 부드럽다. 후지모토 씨는 일반적으로 사용되는 건조한 목재가 아닌 수분을 머금은 상태의 생나무로 만든다. "생나무나 갈라져 있는 목재를 적극 활용해 나무 소재의 매력을 나타낼 수 있으면 돼요." 조금 뒤틀렸거나, 흠이 있거나, 갈라져 있는 요소도 디자인의 일부로 받아들여 같은 물건이 없는 그릇 만들기를 목표로 하고 있다.

Map P165-Area2
Add 南城市玉城屋嘉部123-1
Tel 090-9781-3481
Homepage gallerykten.ti-da.net
Open 13:00~17:00, 일요일~목요일 휴무

1 흐르는 듯한 나뭇결이 아름다운 작은 꽃병
2 가주마루 나무를 깎아 만든 주발. "가주마루 나무는 섬세하면서도 동시에 거칠어요"라고 말하는 후지모토 씨 가장자리 부분에 나무껍질을 그대로 남긴 그릇에서 강한 나무의 생명력을 느낄 수 있다. 오키나와 현 내의 mofgmona no zakka(P202) 잡화점에서도 판매하고 있다
3 눈앞에 산이 펼쳐져 있는 기분 좋은 곳이다
4 3평 정도의 다실과 같은 갤러리는 후지모토 씨가 직접 만든 것. 햇빛이 잘 들어 밝은 분위기이다
5 커틀러리도 인기 상품. 스푼 대 2,000엔, 소 1,200엔, 어린이용 미니사이즈도 있다
6 옻을 입힌 고급스러운 주발

히즈키
日月

양손으로 부드럽게 감싸고 싶은 가련한 유리 그릇

일상의 풍경에 동화된 물과 같이 맑은 유리 그릇. "개성이 너무 도드라지지 않으면서 어떤 공간에도 잘 어울리는 그릇이면 좋겠다"고 이야기하는 오야부 미요 씨. 교토의 캇포 요리점에서 자란 그녀는 어린 시절부터 요리와 그릇의 관계를 직접 눈으로 봐왔다. 모든 작품은 직접 사용해 봄으로써 그 매력을 한층 실감할 수 있다. "술을 따라도 좋고 꽃을 꽂아도 좋아요"라며, 용도는 사용하는 사람에게 맡기기 위해 상품명도 자세하게 붙이지 않았다.

Map P129-Area1
Add 読谷村渡慶次273
Tel 098-958-1334
Homepage www.hizuki.org
Open 10:00〜17:00, 일요일 휴무

2

3

1 '일상 속에서 태어난 이미지를 모양으로 나타내고 싶다'는 생각에서 공방 옆에 설치한 갤러리에는 유리컵(2,400엔부터)과 접시(2,500엔), 피처 외에 램프 갓 등이 진열되어 있다. 녹색의 풍경이 비쳐 보이는 유리의 아름다움에 무의식 중에 매료된다
2 어슴푸레한 파란색이 섞인 그릇
3 어떻게 사용할지 생각하는 것도 즐거운 뚜껑 달린 그릇

And More...

그릇+찻집 보노호 うつわ+喫茶 ボノホ

자택의 일부를 개방한 갤러리에는 아트와 도구를 융합시킨 작품이 전시되어 있다. 갤러리 외 카페도 있다. 자세한 내용은 P186 참조.

인디고 Indigo

가구 장인인 점주가 제작하는 인테리어가 갖추어져 있는 가게. 오키나와의 고목을 사용한 수공을 느낄 수 있다. 자세한 내용은 P160 참조.

05 밤의 오키나와

하루의 마지막을 장식하는 즐거움은 바로 저녁밥이 아닐까.
다른 곳에서는 맛볼 수 없는 현지의 식재료를 듬뿍 사용한 창작 요리에 기분은 더할 나위 없이 좋을 것이다. 오키나와 발군의 술인 아와모리와 함께 실컷 즐겨 보자.

1 석조 벽은 슈리성의 복원에 참여한 장인에 의해 만들어진 것으로, 돌을 포개어 쌓아 만들었다
2 저녁은 코스로 주문하는 것을 추천한다. 코스는 시루후 しるふう(2,500엔), 사바니 爬舟 (3,500엔)의 두 종류. 사진은 어부의 조리법을 이용하여 만든 질냄비로 먹는 생선국(앞)과 참치 통후추 구이, 우미부도와 오징어의 시콰사 무침 등이 나오는 전채 요리(뒤)

이토만 어민식당
糸満漁民食堂

구스쿠식의 모던한 건축물에서 즐기는 어부의 전통요리

어부의 마을로 알려진 이토만시 糸満市의 매력을 전하고 지역을 부흥시키기 위해 이곳 출신인 타마시로 씨가 연 가게이다. 가게의 내부는 석조로 만들어진 세련된 공간으로 오키나와의 성(구스쿠)을 떠올리게 한다. 요리에는 가게에서도 가까운 이토만 항에서 잡아 올린 신선한 생선을 사용했다. 오키나와의 새로운 전통 요리를 만들고 싶다는 의욕을 보이는 점주는 고장의 어부로부터 들은 조리법에 변형을 더해 오리지널 요리를 고안해 냈다. 아와모리도 이토만산 히가 주조의 '우민추 海女'를 고집하는 등 지역 사랑이 넘치는 가게이다.

Map P164
Add 糸満市西崎町4-17
Tel 098-992-7277
Open 11:30~15:00, 18:00~22:00, 화요일 휴무

And More...

벳칸 셀룰로이드 別館セルロイド

여성 스태프가 맞이하는 숨겨진 집과 같은 느낌의 이 바는 술은 물론 술안주에도 충실하다. 독창적인 오리지널 드링크와 메뉴를 즐겨 보자. 자세한 내용은 P84 참조.

양조주 바 카후시 醸造酒バー Kahu-si

일본주 감정사 자격증을 가지고 있는 점주와 소믈리에인 부인이 엄선한 주류들로 가득한 어른을 위한 바. 기분 좋은 공간이 오키나와의 밤을 연출한다. 자세한 내용은 P82 참조.

02

지역별 가이드
REGIONAL GUIDE

오키나와 전체 지도

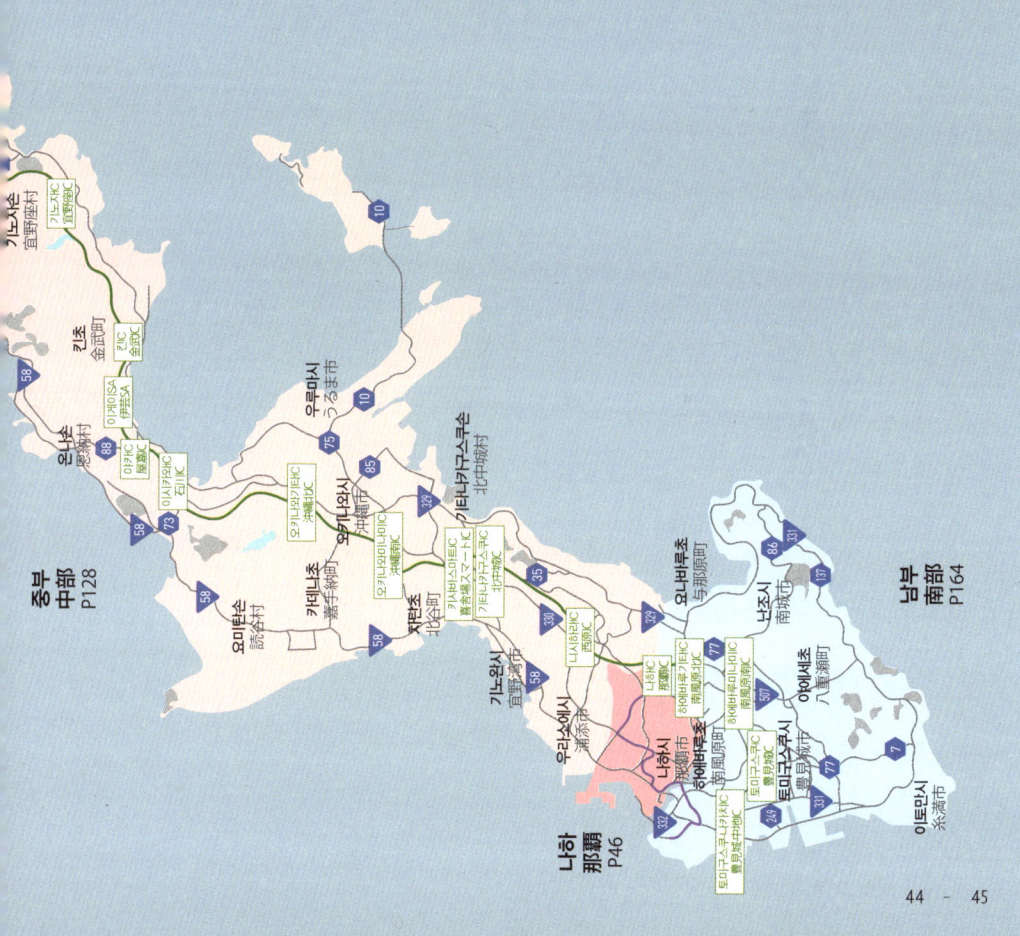

Area 1 슈리

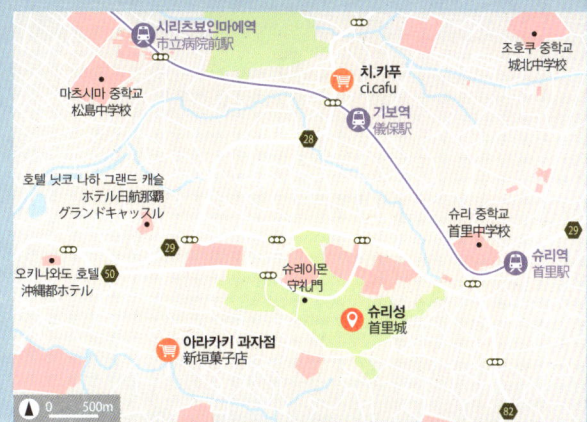

Area 2 아사히바시

Area 3 요기

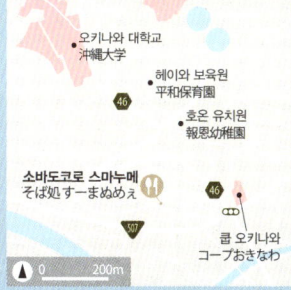

Area 5

Area 4 국제거리

섬의 전통과 트렌드를 동시에 즐길 수 있는

나하 那覇

세계유산 슈리성에 쇼핑 거리인 국제거리 등 나하에는 오키나와에서만 볼 수 있는 것들이 즐비해 있다.
도자기 거리인 츠보야 야치문 거리나 마키시 공설시장 등 그 지역의 공기에 둘러싸인 거리를 걷다 보면 평화로웠던 옛날의 오키나와를 재발견할 수 있다.
오키나와의 전통과 문화, 음식 등 모든 것을 경험할 수 있는 매혹의 마을 나하로 안내한다.

01 생활 속에서 만나는 오키나와의 문화

현지 사람들과 관광객들이 오가는 활기찬 시장 및 상점가 구역.
느긋하게 거리를 걸으며 오키나와의 현지 문화를 체감해 보자.

**나하시
다이이치 마키시
공설시장**

那覇市第一牧志
公設市場

걷기만 해도 즐거운 매력적인 아시안 마켓

오키나와의 식문화를 보고 즐길 수 있는 곳이다. 2차 세계 대전이 끝난 후 암시장으로 시작한 역사 깊은 장소로, 오키나와 현 내 최대의 시장이다. 과일부터 고기, 생선, 야채, 반찬까지 모든 식재료를 갖추고 있어 서민의 부엌으로서 오키나와의 가정을 뒷받침해오고 있다. 힘찬 목소리가 퍼지는 열기가 넘치는 1층 식품 판매장. 2층에는 오키나와의 향토요리 음식점이 즐비해 있다. 구입한 식재료를 2층의 식당으로 가지고 가면 유료로 조리해 준다. 흔히 볼 수 없는 오키나와의 식재료, 그리고 가게 아주머니들과의 즐거운 대화. 물건과 사람과의 만남을 즐길 수 있는 것도 시장에서만 경험할 수 있는 묘미이다.

Map P49-2B
Add 那覇市松尾2-10-1
Tel 098-867-6560
Open 08:00~22:00, 11월~3월은 09:00~21:00(점포에 따라 변동 있음)

커피 스탠드 코미네
コーヒースタンド小嶺

시콰사 주스가 인기 있는 시장의 휴식처

마키시 공설시장의 모퉁이에 가게를 지은 지 60여 년. 복고적인 가게의 구조가 매력적인 이곳은 시장 상인들의 휴식처이다. 점주인 코미네 씨가 정성스럽게 짠 시콰사에 아주 약간의 시럽을 넣은 새콤달콤한 차가운 레몬주스가 인기 있다. 한 잔에 120엔.

Map P49-2B
Add 那覇市松尾2-10-1(마키시 공설시장 1층)
Tel 없음
Open 12:00~20:00, 넷째 주 일요일 휴무

H&B 젤라 오키나와 마키시점
H&B ジェラ 沖縄 牧志店

현지의 과일을 젤라토로 맛보자

노구치 씨 부부가 오키나와산 과일의 맛을 알리고 싶다는 생각에서 시작한 디저트 가게. 주문을 받고 나서 얼음에 생과일을 섞어 만드는 젤라토는 적당한 달콤함에 과육의 식감도 즐길 수 있다. 망고 등 총 15종류. 278엔부터.

Map P49-2B
Add 那覇市松尾2-10-1(마키시 공설시장 2층)
Tel 090-8708-9047
Homepage nasubi9056.at.webry.info
Open 10:00~18:00, 넷째 주 일요일 휴무

02 오키나와 부엌 산책

노포 과자점부터 정갈하신 할머니들이 꾸려나가는 튀김 전문점 등 현지인들이 이용하는 가게에서 오키나와의 맛있는 음식, 귀여운 선물을 찾아보자.

1

2

3

4

마미야 가마보코 마키시점

マーミヤ かまぼこ 牧志店

시장을 구경하면서 먹기에도 좋고, 선물로도 좋은 어묵

1945년에 창업한 이시가키 섬石垣島의 가마보코 노포의 직판점이다. 명태나 돔 등을 으깬 생선살에 달걀을 넣고 오키나와산 식재료를 듬뿍 사용한 어묵의 식감은 부드럽고 쫄깃하다. 고야와 두부를 으깨 넣은 넓적 어묵, 달콤한 카스텔라 어묵 등 고르기 어려울 정도로 다양하고 풍부한 맛의 어묵들이 진열되어 있다.

Map P49-2B
Add 那覇市牧志3-1-1
Tel 098-863-2186
Homepage mamiya-fish-cake.jimdo.com
Open 09:00~18:00

1 10가지 맛의 다양한 넓적 어묵 1개 114엔. 마늘이 들어간 어묵은 아삭아삭한 식감이 더해져 더욱 맛있다
2 다진 생선살에 홍색의 식용 물감을 섞어 만든 분홍색의 도미 모양 어묵 800엔
3 밥을 어묵으로 감싼 주먹밥 어묵(오니기리 가마보코)은 이곳의 명물. 흑미와 오키나와의 타카코미고항인 쥬시 두 종류가 있다. 1개 190엔
4 가게는 나하시 다이이치 마키시 공설시장으로 이어지는 이치바혼도리市場本通り에 있다

고야
텐푸라야
呉屋てんぷら屋

간식으로 먹기 좋은 갓 튀긴 오키나와의 튀김

점주인 고야 씨가 이 가게를 오픈한 것은 40여 년 전. 유리 케이스에는 개업 때부터 바뀌지 않는 튀김과 사타안다기 등의 메뉴가 진열되어 있다. 식어도 부드러운 튀김은 현지인의 간식으로 빠질 수 없는 존재이다.

Map P49-3B
Add 那覇市松尾2-11-1
Tel 098-868-8782
Open 08:00~18:00경

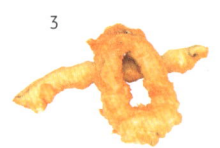

1 항상 건강한 모습의 점주 고야 카즈코 씨. 직원들의 평균 연령은 무려 70세이며, 빨간 체크의 상의가 트레이드마크이다
2 매일 개점할 때부터 폐점할 때까지 손님들의 발길이 끊이지 않는다
3 짭조름한 튀김은 생선과 오징어를 포함해 5~7종류 준비되어 있다. 1개 50엔부터

류큐카시도코로 류구
琉球菓子処 琉宮

오키나와산 재료를 고집하는 차가운 스위츠

오키나와의 식문화를 지키면서 새로운 감각의 스위츠를 제공하기 위해 오픈한 사타안다기 전문점 류구. 흑설탕으로 조린 강낭콩에 빙수를 얹은 젠자이나 남국의 과일로 만든 생과일주스를 일 년 내내 맛볼 수 있다.

Map P49-2B
Add 那覇市松尾2-9-14
Tel 098-862-6401
Homepage www.ryugu.co.jp
Open 10:00~19:00, 셋째 주 목요일 휴무

1 자색고구마, 우콘을 반죽하여 넣은 경단, 히비스커스가 들어간 한천 등 오키나와에만 있는 재료가 듬뿍 들어간 류큐안미츠 琉球あんみつ (540엔)
2 쿠로토미츠 키나코 젠자이 黒蜜きな粉ぜんざい (520엔), 타라마 섬의 흑설탕을 사용했다

[시장에서 발견한 선물]

일본 본토에서는 본 적 없는 낯설고 복고적인 패키지의 식품이나 생활잡화가 가득하다.
일반 기념품 가게에는 없는 그 가게 오리지널의 제품을 만날 수 있는 것도 시장의 매력 중 하나다.

테루야 식품 てるや食品
시리시리키 しりしり器

오키나와의 가정에 하나씩은 꼭 있는 조리 도구가 바로 이 강판이다. 재료를 갈 때 나는 소리를 따서 이름 지은 것으로, 당근 채 볶음인 '닌진시리시리'를 만들 때 자주 사용된다. 667엔.

카즈 미트 和ミート
카즈짱 니쿠미소 和ちゃん肉みそ

오키나와에서 친숙한 보존 식품으로, 돼지고기가 들어간 미소이다. 돼지고기의 붉은 살 부분을 미소와 아와모리 등으로 푹 끓인 이것은 정육점의 오리지널 제품이다. 밥과 함께 먹어도 좋고, 주먹밥의 재료로 사용해도 좋다. 680엔.

테루야 식품 てるや食品
우메시 ウメーシ

빨간색과 노란색의 배색이 특징인 대나무 젓가락. '우메시'란 오키나와 사투리로 '젓가락(메시)'을 정중하게 부르는 말이다. 옛날부터 오키나와의 식당이나 가정에서 사용되어 온 대중적인 생활 아이템 중 하나이다. 10개입 260엔.

마츠바라야 제과 松原屋製菓
친스코 ちんすこう

류큐 왕조 시대부터 전해져 오는 명과. 주로 길고 가는 모양을 하고 있으며 귀여운 꽃 모양도 있다. 겉은 촉촉하지만 안은 바삭한 독특한 식감이 중독적이다. 20개입 1,200엔.

아유미 사타안다기
步サーターアンダギー
사타안다기 サーターアンダギー

현지에서 '축하의 과자'로도 먹고 있는 오키나와식 도넛이다. 반죽에 달걀노른자와 우유를 넣은 아유미의 사타안다기는 고소한 향과 농후한 맛으로 호평을 받고 있으며 금세 품절되는 인기 상품이다. 9개입 700엔.

테루야 식품 てるや食品
산핀차 さんぴん茶

산핀차란 재스민차를 말하는 것으로, 녹차에 상쾌한 향의 재스민 꽃을 넣어 깔끔한 맛이다. 오키나와에서 남녀노소 누구에게나 사랑받는 차이다. 100g 190엔.

테루야 식품
Map P49-2B
Add 那覇市松尾2-10-1
Tel 098-863-1569
Open 09:00~19:00,
일요일 휴무

카즈 미트
Map P49-2B
Add 那覇市松尾2-10-1
(마키시 공설시장 1층)
Tel 098-867-4473
Homepage
www.kazumeet.com
Open 09:00~19:00,
넷째 주 일요일 휴무

아유미 사타안다기
Map P49-2B
Add 那覇市松尾2-10-1
(마키시 공설시장 2층)
Tel 098-863-1171
Open 10:00~품절되면 영업 종료, 일요일 휴무

마츠바라야 제과
Map P49-2B
Add 那覇市松尾2-9-9
Tel 098-863-2744
Open 09:00~21:00(매월 7일은 ~18:00), 부정기 휴무

1 요리나 행사, 사투리 등 오키나와의 문화에 대해서 배울 수 있는 오키나와 책이 가득하다
2 반찬 가게와 양복점 사이 좁은 공간에 자리 잡은 지 약 2년 반. 이제 시장에서 빼놓을 수 없는 존재가 되었다

시장의 헌책방 우라라
市場の古本屋 ウララ

Map P49-2B
Add 那覇市牧志3-3-1
Tel 090-1794-4799
Homepage urarabooks.ti-da.net
Open 12:00~19:00, 일요일 및 화요일 휴무

마음이 편안해지는 시장 속 치유 공간

매일이 축제와 같이 시끌벅적한 상점가에 조용히 자리하고 있는 따뜻한 느낌의 헌책방. 3명 정도가 들어가면 가게 안이 가득 차버리는 작은 공간이지만, 서가에는 오키나와 책을 포함해 다양하고 넓은 세계가 펼쳐져 있다. 인품이 좋아 보이는 이 책방의 주인인 우다 씨와의 수다도 즐거울 것이다.

3 실제로 겪은 일들 그대로를 쉬운 문체로 그린 오키나와 출신 시인 야마노구치 바쿠 山之口貘의 문학 앨범
4 빈가타(오키나와를 대표하는 전통적인 염색 기술 중 하나) 부흥의 주역인 시로마 에이키 城間栄喜의 작품집

03 유유자적 나하의 볼거리 산책

오키나와는 드라이브를 하는 것도 좋지만 마을을 유유히 산책하는 것도 새로운 발견을 할 수 있어 좋다.

**츠보야
야치문도리**

壺屋
やちむん通り

전통문화를 직접 접해 보고, 도자기의 산지에서 쇼핑도 즐겨 보자

'야치문 やちむん'이란 도자기를 가리키는 오키나와의 사투리이다. 국제거리에서 시장을 빠져나오면 그 끝으로 약 400m의 석조바닥 길이 이어지는데 그 길에 도자기 직영점들이 줄지어 있다. 근대화의 물결이 밀려드는 나하이지만 이 거리만큼은 예나 지금이나 변함이 없다. 도로변이나 뒷골목에는 음식점도 있는데 요리나 커피를 시키면 두툼한 도자기 그릇에 나온다. 류큐 왕조 시대부터 이어져 온 도자기의 산지에서 마음에 드는 물건을 찾아보자.

Map P49-3C
Add 那覇市壺屋
Tel 098-866-6661
Homepage www.tsuboya-yachimundori.com

우치나차야 부쿠부쿠
うちなー茶屋
ぶくぶく

운치 있는 고택에서 즐기는 전통 차

차 위에 눈과 같은 거품이 올려진 '부쿠부쿠 차ぶくぶく茶'는 류큐 왕조 시대부터 축하할 때 내는 길조의 차. 원래 라디오국이었던 고택에서 마시는 부쿠부쿠 차는 몸에 깊게 스며들어 여행의 피로를 가시게 해 줄 것이다.

Map P49-3C
Add 那覇市壺屋1-28-3
Tel 098-861-2952
Open 10:00〜17:30, 부정기 휴무(초등학생 이상부터 입점 가능)

1 포포와 부쿠부쿠 차 세트ポーポーとぶくぶく茶セット 1,143엔. 부쿠부쿠 차의 거품은 볶은 쌀을 경도가 높은 오키나와의 물로 끓이면서 만들어진 것이라고 한다. 크레이프와 같은 반죽으로 안단스(미소를 돼지고기 지방으로 볶은 것)를 감싼 만 포포와 함께 먹어 보자
2 점포는 1952년에 지은 고택. 창문으로 보이는 가옥은 중요문화재로도 지정되어 있는 아라가키가 주택新垣家住宅이다

카마니
kamany

전통적인 도자기를 현대식으로 변형하다

흙과 유약은 오키나와산을 고집하며, 츠보야야키(오키나와 나하 시 츠보야 지구 및 요미탄손에서 만들어지는 도기)의 전통 기법을 계속해서 지켜나가고 있는 노포 이쿠토엔育陶園의 브랜드숍이다. 전통의 모양을 유지하면서도 도트 무늬나 부드러운 느낌의 염색 무늬 등 현대 생활에 맞춘 작품들을 제작하고 있다. 츠보야야키의 새로운 바람을 느낄 수 있는 가게이다.

Map P49-3C
Add 那覇市壺屋1-22-33
Tel 098-911-0509
Open 10:30~18:30, 부정기 휴무

1 일상생활에 사용할 수 있는 뚜껑 달린 작은 그릇들. 오른쪽은 코발트, 왼쪽은 하얀색의 입체적인 그림이 장식되어 있다
2 가게는 상점이었던 오래된 민가를 개조한 것이다. 이쿠토엔이 운영하는 점포는 3개가 있는데 각각의 특징이 있다. 공방에서는 도예 체험 교실도 실시하고 있다
3 염색하여 무늬를 넣은 접시. 사이즈는 3촌(약 9cm), 3.5촌(약 10cm), 5촌(약 15cm), 7촌(약 21cm)의 네 종류가 있다
4 손바닥만 한 크기의 미니 미니 시사ミニミニシーサー 3,600엔

국왕이 정치나 모든 의식을 치룬 중요한 건물 '세이덴正殿'. 류큐의 미가 가득한 아름다운 장식은 반드시 봐야 한다

슈리성
首里城

화려한 공간에 매료되는 류큐 왕국의 상징

오키나와의 역사를 알고 싶은 분은 방문해야 하는 슈리성. 류큐 왕국의 중추이자 국왕의 거성으로서 약 450년에 걸쳐 영화를 누린 명성이다. 1945년 오키나와 전투 때 전소되었다가 1992년 복원되었으며 2000년에 세계유산으로 등록되었다. 슈리성이 세워져 있는 약간 높은 언덕은 성지라 여겨지며, 성 안에는 다수의 성역이 여기저기 흩어져 있다. 유명한 슈레이몬守礼門이나 세이덴正殿, 전통 과자를 맛볼 수 있는 사스노마鎖之間 등 성 안에서만 볼 것이 끊이지 않는다. 류큐에 대해 이런저런 생각을 해 보며 느긋하게 역사 산책을 즐겨 보자.

사스노마鎖之間에서는 산핀차와 친스코 등 네 종류의 전통 과자를 즐길 수 있다. 1인 310엔

Map P47-Area1
Add 那覇市首里金城町1-2
Tel 098-886-2020(슈리성 공원 관리센터)
Homepage oki-park.jp/shurijo-park
Open 무료구역 08:00~19:30(7월~9월은 08:00~20:30, 12월~3월은 08:00~18:30)
유료구역 08:30~19:00(7월~9월은 08:30~20:00, 12월~3월은 08:30~18:00)
7월 첫째 주 수요일과 그 다음 날 휴무
Fee 어른 820엔, 고등학생 620엔, 초·중학생 310엔

1 왕자가 손님을 접대한 '사스노마(鎖之間)'에서는 아름다운 류큐 정원을 볼 수 있다
2 성곽의 서쪽, 표고 약 130m의 장소에 세워진 전망대 '니시노 아자나(西のアザナ)'
3 문의 모양을 한 예배당 '스이무이우타키(首里森御嶽)', 성 안에는 이곳을 포함해 '토타케十嶽'라고 불리는 열 군데의 예배당이 있었다고 한다
4 초목이 우거진 '쿄노우치(京の内)'는 왕가 번영이나 오곡의 풍작 등을 기원했던 성내 최대의 신앙 의식 장소이다. 슈리성의 발상지라고도 불리고 있다

걷고 싶은 나하의 거리

세련된 카페나 셀렉트숍이 가득한 뒷골목. 생활을 여유롭게 만들어 줄 운명의 아이템을 만날 수 있을지도 모른다.

A 코히야타이 히바리야 珈琲屋台 ひばり屋

파란 하늘을 올려다보며 커피와 함께 한숨 돌리기

좁은 골목을 들어가면 그 앞에 있는 초록으로 둘러싸인 비밀의 화원과 같은 야타이(포장마차) 카페. 이곳을 상징하는 뽕나무의 그늘에서 커피를 마시는 시간은 더없이 행복한 순간일 것이다. 오키나와의 기분 좋은 바람을 맞으며 야외에서 느긋하게 있는 것이 좋다는 오너 츠지 씨. 우천 시 영업하지 않으니, 영업의 여부는 트위터로 확인하길.

1 사자나미(잔물결) 사이다 さざなみサイダー(400엔), 하츠코이(첫사랑) 라테 初恋ラテ(480엔). 하츠코이 라테는 살구 맛 베이스에 라즈베리 시럽을 넣은 새콤달콤하면서 쌉쌀한 맛. 커피를 싫어하는 사람도 마실 수 있도록 메뉴의 이름을 로맨틱하게 붙였다고 한다

2 파란 하늘을 바라보며 느긋한 시간을 보낼 수 있는 비밀 기지와 같은 공간

Map P48-2B
Add 那覇市牧志1-2-12
Tel 090-8355-7883
Homepage hibariya.blog66.fc2.com
Open 11:30~19:00, 우천 시 휴무, 부정기 휴무

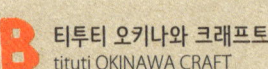

B 티투티 오키나와 크래프트
tituti OKINAWA CRAFT

생활과 가까운 여성 시점의 물건 만들기

'티투티'는 '손과 손(테토테 チとチ)'이라는 뜻으로 이름 그대로 만드는 손과 사용하는 손이 서로 만나는 장소이다. 도예, 목공, 빈가타, 직물 분야의 서로 다른 네 명의 여성 작가와 디자이너, 코디네이터가 운영하는 갤러리 숍이다. 숄이나 북커버, 머그컵, 리큐바시(치큐놀, 양 끝을 가늘게 깎은 젓가락) 등 생활에 가까운 온기 가득한 상품들이 즐비하다.

1 색의 배합이 돋보이는 작품이 진열되어 있는 가게 안 주말에는 네 명의 작가가 가게를 보는 일도 있는데, 손님의 세심한 목소리가 작품 제작에 반영된다

2 나가이케 토모코 長池朋子 씨의 작품 ITO 숄(각 3,518엔과 3,055엔)

Map P48-2B
Add 那覇市牧志1-2-6
Tel 098-862-8184
Homepage www.tituti.net
Open 11:00~19:00, 수요일 휴무

켄초마에역 県庁前駅 방향

뉴 파라다이스 거리 ニューパラダイス通り

D 잡화 툭툭 zakka TUKTUK

염직 작가가 질 좋은 핸드메이드 제품을 엄선해 놓은 곳

염직 작가이기도 한 오너가 직접 질 좋은 핸드메이드 제품을 모아 놓은 셀렉트 숍. 카츠키야葛月舎 등 손에 넣기 힘든 인기 도예가의 작품을 시작으로 약 15명의 오키나와현 내 작가의 작품과 네팔의 모포나 태국의 바지, 네덜란드나 벨기에의 앤티크 소품 등 해외에서 산 다양한 제품들이 갖추어져 있다.

Map P48-2B **Homepage** www.tuktuk.org
Add 那覇市牧志1-3-21 **Open** 12:00~19:00, 수요일 및
Tel 098-868-5882 목요일 휴무, 일요일 부정기 휴무

1 코큐 씨의 도자기 3,000엔.
2 건축된 지 50여 년이 지난 민가를 개조한 멋스러운 가게
3 매일의 생활이 즐거워질 것 같은 소품들이 가득하다

C 류큐차칸 琉求茶舘

중국차의 깊은 향과 맛을 느껴보자

공부식工夫式이라 불리는 본격적인 중국차를 즐기는 다도관. 다완이나 몬코하이(문향배)聞香杯를 사용한다. 전차煎茶는 한 번 잎을 넣고 세 번까지 끓여낼 수 있는데, 회를 거듭할수록 향이나 맛이 놀라울 정도로 바뀐다. 동방미인東方美人이나 동정우롱차凍頂ウーロン茶, 아리산阿里山 등 15~20종류의 찻잎이 있으며, 선호하는 맛과 향을 말하면 오너가 찻잎 선정부터 도와준다.

'노력과 시간을 아까워하지 않고 정성을 들여 달인다'는 의미가 있는 '공부식工夫式'으로 마시는 동정 우롱차凍頂ウーロン茶 750엔. 초보자도 마시기 쉬운 부드러운 맛이다.

Map P48-2B **Homepage** ryukyu-chakan.com
Add 那覇市牧志1-3-17 **Open** 12:00~19:00, 수요일 휴무
Tel 098-862-3031

켄초마에역 県庁前駅 방향

우키시마 거리 浮島通り

1 류큐 아로마 에센셜 오일(1,944엔)과 아카가와라 디퓨저(756엔)
2 핸드메이드 비누 각 1,296엔. 전통염색인 빈가타나 식물의 그림을 모티브로 한 패키지는 선물용으로 적당하다

A 라 쿠치나 소프 부디크
LA CUCINA SOAP BOUTIQUE

지친 몸과 피부에 최상의 비누로 휴식을

겟토月桃, 파란 파파야, 쿠차(진흙) 등 미용 효과가 높은 오키나와의 재료를 사용해 특유의 제법으로 약 2개월에 걸쳐 만드는 비누를 판매하고 있다. 세안 후 피부의 촉촉한 정도가 다르다는 후기가 많다. 가게의 이름(이탈리아어로 부엌을 의미)에는 음식을 만드는 것처럼 몸에 들어가도 안전한 비누를 만들고 싶다는 의미가 내포되어 있다.

Map P48-2B
Add 那覇市松尾2-5-31
Tel 098-988-8413
Homepage lacucina.jp
Open 13:00~20:00

1 '집에 돌아가면 식사가 즐거워질 것 같은' 진열을 목표로 하고 있으며, 작가와 제휴를 맺어 오리지널 상품을 만드는 데도 적극적이다
2 오쿠바라 유리제조소奥原硝子製造所의 다양한 제품들

B 미야기야 블루스폿 miyagiya-bluespot

크래프트와 패션을 잇는 새로운 라이프스타일을 소개하는 곳

어패럴 업계에 종사한 경력이 있는 미야시로 씨가 디렉팅을 맡고 있는 가게. 그는 젊은 사람들도 좀 더 오키나와의 그릇에 관심을 가지고 쉽게 다가올 수 있었으면 좋겠다고 말한다. 도자기나 류큐 유리를 필두로 한 오키나와의 크래프트를 중심으로, 서울의 옷, 해외의 잡지 등이 적당한 가격에 판매되고 있다. 이곳에 오면 '뭔가 재미있는 것'을 만날 수 있는, 주목할 만한 가게이다.

Map P48-3B
Add 那覇市松尾2-12-22
Tel 098-969-1426
Homepage magasin-miyagiya.com
Open 11:00~20:00, 수요일 휴무

우키시마 거리 浮島通り

국제거리 国際通り　　　　　　　　　마키시역 牧志駅 방향

1

D 카페 플라눌라 Cafe プラヌラ

책과 홍차와 롤 케이크, 마음이 절로 풀어지는 릴랙스 공간

책과 해파리(플라눌라)를 좋아하는 여성 오너가 운영하는 자칭 만화 카페. 오너 취향의 만화를 시작으로 요리책이나 무민 그림책, 도감 등이 벽면의 서가에 가득 진열되어 있다. 홍차 향에 둘러싸인 공간에서 한 손에는 책을 들고 롤 케이크를 느긋하게 먹는, 여성이라면 참을 수 없는 행복한 순간이 기다리고 있다.

Map P49-3B
Add 那覇市壺屋1-7-20
Tel 098-943-4343
Homepage planula.blog.fc2.com
Open 13:00~22:00, 화요일 및 수요일 휴무

2

1 오키나와 본섬의 남부에서 방목하여 기른 달걀을 사치스럽게 사용한 플라눌라 준세이 롤 케이크 プラヌラ純正ロールケーキ 420엔
2 시마락쿄 타르타르 타마고샌드 島ラッキョウのタルタル玉子サンド 600엔

C 차햇 나하 chahat ナハ

만든 이의 마음이 전해지는 가죽과 천의 따뜻한 아이템

네팔과 인도의 핸드메이드 가죽·천·종이 제품이 인기 있는 브랜드 '차햇 chahat'. 차햇 나하는 즈시逗子, 가마쿠라鎌倉에 이은 3호점이다. 네팔의 깊은 산속에서 수작업으로 만든 village leather나 인도에서 만든 코튼 숄, 복지시설 '스튜디오 오쿠카'의 예술작품 등이 있다. 시키야 점장과 대화를 나누면서 만든 이나 상품에 대한 이야기를 들을 수 있다는 즐거움도 있다.

가죽의 개성을 충분히 살린 village leather. 지갑 4,000엔, 가방 6,800엔 등

Map P49-3B
Add 那覇市松尾2-21-1
Tel 098-861-3878
Homepage chahat27.com
Open 11:00~18:00경

D

04 오키나와의 하나뿐인 물건을 만나다

다양한 공방이 시내 안에 있고 작가와의 거리가 가까운 점도 오키나와의 매력 중 하나이다.
만든 이로부터 직접 살 수 있다면 물건에 대한 애착도 강해질 것이다.

1

로보츠
ROBOTZ

부부의 인연에서 탄생한 재치 넘치는 가구와 유리

목공가구 디자이너인 쿠니요시 사토시 씨와 유리 작가 유미코 씨 부부의 갤러리. 사각형을 굉장히 좋아하고, 심플한 디자인을 선호한다는 사토시 씨가 만드는 다이닝 테이블과 의자는 졸참나무나 단풍나무, 버찌나무 등을 사용해 나뭇결이 아름답고 온기가 느껴진다. 유미

코 씨의 유리 작품은 '숲에 내리는 눈森に降る雪', '벚꽃 숲さくらの森' 등 로맨틱한 이름에 이야기가 있는 것이 특징이다. 가게 안에는 장난기 가득한 작품도 많다. "우리 둘 다 아직 아이예요."라며 웃음 짓는 유미코 씨. 가구는 세미 오더도 가능하다.

Map P47-Area2
Add 那覇市辻1-5-25
Tel 098-863-6353(휴일은 공방으로 문의 098-992-5909)
Homepage robotzblog.ti-da.net
Open 13:00~19:00, 일요일~목요일 휴무

1 공간을 연출해 주는 문진(2,667엔)
2 문진으로도 사용할 수 있는 투명 사과(2,667엔)
3 나무와 유리의 조화로움을 알 수 있는 가게 안의 테이블 코디네이트. 스푼(2,380엔)과 유리 그릇(2,574엔)
4 칠판 동물 시리즈 중 순록(6,482엔). 그 외에 코끼리나 사자, 임팔라, 버팔로가 있다. 이렇게 귀여운 메시지보드가 집에 있다면 가족에게 전하고 싶은 말이 가득할 것이다
5 가게는 쿠모지久茂地 교차점에서 도보로 약 10분
6 펜이나 키홀더 등을 놓기 좋은 작은 소품 보관함(2,862엔)

완구 로드 웍스
玩具ロードワークス

바라보기만 해도 두근거리는 아이디어 가득한 류큐 하리코

류큐 하리코 작가인 토요나가 모리토 씨의 가게. 오키나와 카르타를 시작으로 크리스마스트리나 십이지신 하리코 등 계절별 상품이 가득하다. "하리코는 플라스틱 장난감보다 부서지기 쉬워요. 그렇기 때문에 아이들이 가지고 놀았으면 좋겠어요. 물건이 부서졌을 때 비로소 그 물건의 소중함을 배울 수 있거든요." 개점한 지 12년이 지난 완구 로드 웍스. 토요나가 씨는 낡고 좋은 물건을 찾고 싶다며 의욕을 더욱 불태우고 있다.

Map P49-2B
Add 那覇市牧志3-6-2
Tel 098-988-1439
Homepage toy-roadworks.com
Open 10:00~18:00(월요일은 ~17:00), 일요일 휴무

1 사쿠라자카의 후미진 골목에 한적히 자리하고 있는 가게
2 십이지신 하리코(각 800엔). 올해의 간지나 태어난 해의 간지는 선물로 적당하다
3 비둘기 빵鳩パン(900엔)과 같이 유니크한 상품은 보고 있는 것만으로도 즐겁고 손으로 가지고 놀기에도 좋다
4 베스트셀러인 오키나와 카르타(1,620엔)

미무리
MIMURI

할머니의 정원과 오키나와의 자연을 생활소품에 재현하다

'그림을 들고 다닌다'를 테마로 오키나와의 생물이나 식물을 그리는 텍스타일 작가 미무리 씨의 아틀리에&숍. 고향인 이시가키 섬石垣島의 할머니의 정원과 시라호 바다의 물고기, 나하 시장에 즐비한 과일이나 시마야사이(오키나와의 야채)를 그린 가방 및 파우치 등이 인기 있다. "오키나와의 농밀한 자연을 그리고 싶어요." 형형색색의 그림을 들고 걸으면 기분까지 밝아질 것 같다.

3

Map P48-3B
Add 那覇市松尾2-7-8
Tel 050-1122-4516
Homepage www.mimuri.com
Open 11:00~19:00, 목요일 휴무

1 가게 안의 상품은 마치 그림과 같이 진열되어 있다
2 정원 시리즈의 동전 파우치(2,700엔)
3 우키시마 거리와 마주하고 있는 가게는 유리창 너머로 내부가 잘 보인다. 아틀리에에서 미무리 씨가 입고 있는 에이프런(6,480엔)과 손수건(1,296엔) 등도 있다
4 시마야사이 시리즈의 가방(4,860엔)

4

05 사랑받는 로컬 런치

본토에서도 지명도 높은 오키나와 소바나 참프루 등의 향토요리부터 미국화한 메뉴까지. 현지인들도 좋아하는 소울 푸드를 소개한다.

아삭아삭한 식감과 초록빛이 싱그러운 고야 참프루(점심에는 밥과 국이 포함된다)

**향토요리
아와모리 유난기**

郷土料理
あわもり ゆうなんぎい

현지에서 사랑받는 부드럽고 따뜻한 엄마의 맛

유난기의 주방에 서는 것은 모두 베테랑 엄마들이다. 미군통치시대부터 44년간 노력과 시간을 들여 옛날 그대로의 가정요리를 만들고 있다. 겉보기에도 맛있어 보이고 식감까지 아삭아삭한 참프루, 사전준비부터 정성을 다하는 라후테 등 모든 요리는 이른 아침 재료의 준비부터 시작된다. 재료와 조리법, 맛에서 세심한 배려가 느껴지며 여성이기에 담을 수 있는 애정과 아이디어가 넘치는 곳이다.

Map P48-2A
Add 那覇市久茂地3-3-3
Tel 098-867-3765
Open 12:00~15:00 LO, 17:30~22:30 LO, 일요일 및 공휴일 휴무

커다란 돈카츠에 햄버그, 돼지고기, 샐러드, 달걀프라이 등 대식가들도 대만족할 만큼의 푸짐한 양을 자랑하는 A런치 (780엔, 스프 포함)

경식당 루비
軽食の店 ルビー

창업 51년 역사의 노포 대중식당

가게의 전신은 오너가 미군 기지 안에서 영업했던 레스토랑이다. 그 영향으로 루비를 오픈한 후에도 싸고 볼륨 만점의 메뉴를 늘려올 수 있었다는 점장 마츠다 씨. 지금은 양식부터 일식, 오키나와 요리까지 메뉴가 70종류 이상이라고. 신선한 식재료 사용과 수제를 원칙으로 하며, 실제 가정주부가 솜씨를 발휘한 듯한 가정적인 맛이 매력적이다. 다 먹지 못하고 남겼을 경우에는 포장도 가능하다.

Map P47-Area5
Add 那覇市泊3-4-15
Tel 098-868-1721
Open 10:00~24:00 LO, 1월 1일과 2일, 오봉야스미 휴무

타코스야 플레이트타코스야플레이트(650엔)는 타코스와 타코라이스를 한 번에 맛볼 수 있는 세트이다. 소스를 듬뿍 찍어 먹자

타코스 전문점
타코스야
국제거리점

タコス専門店
Tacos-ya
国際通り店

바삭하고 쫄깃한 토르티야가 맛을 결정하는 최상의 타코스

23년 전에 차탄北谷점으로 시작한 타코스야는 현지인과 관광객을 불문하고 모두에게 친숙한 인기 가게이다. 매일 먹어도 질리지 않는다는 점주 아루메 씨. 아루메 씨 부부가 시행착오를 겪으며 완성시킨 타코스는 겉은 바삭하고 속은 쫄깃쫄깃하다. 이렇게 두 가지의 식감을 즐길 수 있는 오리지널 토르티야가 이곳의 특징이다. 육즙이 가득한 타코스 미트, 약간 매콤한 수제 소스도 일품이다. 갓 만든 따끈따끈한 타코스를 한입 가득 먹어 보자.

Map P48-2B
Add 那覇市松尾2-8-13
Tel 098-862-6080
Open 11:00~21:45 LO

소키, 삼겹살, 테비치의 세 종류를 토핑한 스페셜 소바(650엔). 쑥은 취향에 따라 넣으면 된다

소바도코로 스마누메
そば処
すーまぬめぇ

조용한 고택에서 즐기는 오키나와 소바

스마누메는 녹색으로 둘러싸인 한적한 주택가에 있다. 지어진 지 50년 이상 된 빨간 기와집을 거의 그대로 가게로 이용하고 있으며 옛스러운 분위기 속에서 느긋하게 오키나와 소바를 맛볼 수 있다. 가다랑어의 풍미가 향기로운 돼지고기 육수 베이스의 스프는 깔끔하고 담백한 맛으로, 탄력 있는 가는 면과 궁합이 잘 맞는다. 차분한 색감의 멋진 그릇도 모두 주인이 직접 만든 것이라고. 가게 뒤의 공방에서 돌림판을 돌리며 '스마누메의 맛'을 완성시키고 있다.

Map P47-Area3
Add 那覇市国場40-1
Tel 098-834-7428
Open 11:00~16:00(품절되는 대로 영업 종료), 월요일 휴무

06 현지의 인기 가게

현지인들에게 줄곧 사랑받아 오고 있는 인기 가게를 소개한다.
오키나와 요리뿐만 아니라 개성적인 가게들도 가득하다.

**시마야사이 요리 &
오가닉 와인
우키시마 가든**
島野菜料理&オーガニックワイン
浮島ガーデン

빨간 기와의 고택에서 즐기는 건강한 야채 요리

국제거리에서 조금 떨어진 골목길 뒤에 있는 우키시마 가든은 지어진 지 약 56년 된 빨간 기와 민가를 리모델링한 복고적인 분위기의 가게이다. 테이블석과 오키나와 특유의 류큐 다다미 공간에서 느긋하게 식사를 즐길 수 있다. 고기 대신 잡곡의 피와 메밀의 열매를 사용한

우키시마 명물 고야 츠쿠네, 시마도후(오키나와의 두부)의 타코미트로 만든 스파이시 타코 피자 등 현지의 농가가 정성을 들여 키운 무농약 야채를 고기나 달걀 같은 동물성 재료를 사용하지 않고 이탈리안이나 프렌치, 아시안 등의 다양한 스타일로 제공한다. 소믈리에가 엄선한 오가닉 와인도 기대해 볼 만하다. 달걀, 유제품, 백설탕을 사용하지 않은 스위츠도 호평받고 있다.

Map P48-2B
Add 那覇市松尾2-12-3
Tel 098-943-2100
Homepage ukishima-garden.com
Open 런치 11:30~16:00, 디너 18:00~23:00(22:00 LO), 목요일 휴무

1 바람이 통하는 가게의 내부. 뒷마당에는 테라스석도 있다
2 수수와 야채를 풍족하게 사용한 우키시마 스페셜 시마야사이(오키나와의 야채)와 잡곡 햄버그 스테이크浮島スペシャル島やさいと雑穀のハンバーグステーキ(1100엔), 색감도 즐거운 계절의 야채가 늘어서 있는 무농약 시마야사이 바냐카우다無農薬島やさい達のバーニャカウダ(1000엔)
3 번화가에 자리 잡은 고택을 모던하게 리모델링했다
4 내추럴한 분위기의 내부 장식도 인기의 비밀
5 야채 요리에 어울리는 오가닉 와인이 다양하게 준비되어 있다. 마실 때 혀에 닿는 감각이 좋고 다음 날 숙취가 생기지 않는 몸에 부드러운 와인이다

피파치 키친
ピパーチ
キッチン

오키나와 야채가 듬뿍 들어간 마을의 귀여운 밥집

피파지란 아에야미 지방에 자생하는 후추과의 식물을 말한다. 피파치 키친에서는 다양한 요리에 후추 대신 이 피파치를 사용하고 있다. 피파치와 소금만으로 간을 한 수제 햄버그나 연근과 바질이 들어간 얀바루 닭고기 교자 등 오키나와산 고기와 생선을 메인으로 제철 야채를 듬뿍 사용한 요리가 가득하다. 식후에 100엔을 더 내면 이곳의 오리지널 커피를 마실 수 있는데, 점주가 직접 도기로 원두를 볶아 내린 것으로 매우 인기 있다.

특제 도기로 배전한 커피의 테이크아웃용 콩도 판매하고 있다(150g에 570엔)

Map P48-Area2
Add 那覇市西2-6-16
Tel 098-988-4743
Homepage piparchikitchen.ti-da.net
Open 11:00〜15:30(15:00 LO), 18:00〜22:00(21:00 LO), 목요일 및 금요일 휴무

1 자가제조한 참깨소스와 먹는 연근과 바질이 들어간 얀바루 닭고기 교자 정식 レンコンとバジルが入ったやんばる鶏の香り棒ぎょうざ定食(830엔)
2 내부 장식을 비롯하여 가게에서 사용하는 그릇 모두 주인이 직접 만든 것. 주차장은 5대 완비
3 이시가키 섬 출신의 이케시로 씨 부부가 '오키나와의 허브나 야채를 많이 사용한 요리를 만들고 싶다'는 생각에 가게 이름을 이렇게 지었다고 한다

바카르
BACAR

맛있는 반죽을 목표로 만드는 화덕 피자

나폴리 스타일의 피자는 마르게리타와 마리나라 두 종류로 각 1,500엔이다. 탄력 있고 쫄깃한 식감과 화덕의 향, 심플한 재료가 돋보이는 맛에 우선 놀랄 것이다. 모토부 소고기의 브레자올라(소고기 생햄) 등 이곳에서만 먹을 수 있는 음식들도 다양하다. 모든 식재료가 녹아든 생생한 맛을 즐겨 주길 바란다는 점주. 여자 혼자서도 즐길 수 있는 분위기를 만들기 위해 항상 노력하고 있다고. 장인이 직접 다룬 예술적인 장작 가마, 클래식한 공간에도 가슴이 두근거린다.

Map P48-2A
Add 那覇市久茂地3-16-15
Tel 098-863-5678
Homepage www.bacar.jp
Open 18:00~23:00, 월요일 휴무(월요일이 공휴일인 경우 영업, 다음 날 화요일 휴무)

1 1920년대 영화관의 의자나 가죽을 씌운 스툴 등 내부 장식에도 이곳만의 고집이 묻어난다
2 리드미컬하게 반죽을 넓혀 가마 속에 넣는다. 주문에서 완성까지는 불과 1분
3 맛있는 반죽을 목표로 하여 만드는 피자는 나이프를 넣으면 놀라울 정도로 탄력이 있다

07 밤이 즐거워지는 술집 순례

국제거리 주변에는 계속 다니고 싶어질 정도로 멋진 가게가 가득하다.
나하의 밤은 조금 욕심을 내서 2차, 3차까지 즐겨 보자.

**양조주 바
카후시**

醸造酒バー
Kahu-si

소믈리에가 엄선한 와인과 일본주 바

기키자케시(일본주 감정사) 자격을 가진 점주와 소믈리에 부인이 엄선한 와인과 일본주, 맥주를 가볍게 마실 수 있는 어른을 위한 바이다. 다양한 산지와 품종의 글래스 와인, 제철 글래스 일본주를 주마다 바꿔가며 준비하며, 유럽의 맥주도 골고루 갖추고 있다. '자가제 참치&시마도후 타르타르自家製ツナ&島どうふタルタル'나 '치즈 아와모리 미소즈케チーズの泡盛味噌漬け' 등 독창적인 레시피로 만드는 안주도 호평의 맛을 자랑한다.

Map P49-3B
Add 那覇市松尾2-11-25
Tel 098-861-5855
Homepage www.kahu-si.com
Open 19:00~24:00(23:30 LO), 일요일 및 넷째 주, 다섯째 주 월요일 휴무

1 마보로시노 구루쿤 가마보코幻のグルクンかまぼこ, 자가제 참치&시마도후 타르타르自家製ツナ&島とうふタルタル, 돼지고기 소시지 모둠豚の生詰ソーセージ盛り合わせ
2 국제거리의 뒷골목, 우키시마 거리에 조용히 자리 잡은 곳으로, 2차나 3차로 조용히 마시고 싶은 사람들을 위한 은신처 같은 공간이다
3 요리 프로그램의 디렉터였던 가게 주인이 각지에서 공수해 온 술안주도 기대해 볼 만하다

1

2

벳칸 셀룰로이드
別館セルロイド

여자의 마음을 기분 좋게 간질이는 뒷골목의 숨겨진 바

노출 콘크리트로 장식한 내부에 고급스럽게 진열된 앤티크 가구와 계절의 꽃들. 예술적인 공간이 멋있는 은신처와 같은 바이다. 로즈마리와 타임을 듬뿍 사용한 '카쿠니노 마제마제 고항角煮のまぜまぜごはん'을 시작으로 새빨간 야채만 사용한 샐러드나 달걀노른자 된장조림 등의 특제 요리는 어느 것을 선택해도 깜짝 놀랄 만한 맛이다. 직접 만든 보드카 등 오리지널 드링크도 맛보길.

3

Map P49-2C
Add 那覇市牧志3-8-25 2F
Tel 098-862-4969
Homepage celluloid.ti-da.net
Open 21:00~다음 날 03:00, 월요일 휴무

1 토마토를 재워 둔 진을 토닉으로 묽게 한 토마토 진 토닉トマトジントニック(762엔), 계절의 과일이 듬뿍 들어간 샴페인 칵테일シャンパンカクテル(857엔)
2 굴의 오일 절임이나 세 종류의 치즈와 달걀노른자의 미소절임, 자가제 레이즌 버터 등이 올라간 세 종류의 오마카세 플레이트三種のおまかせプレート(1,143엔)
3 직원들이 모두 여성이라 여성 혼자 방문하기에도 좋다

오키나와에 반하다

08 아침밥이 맛있는 나하 호텔 가이드

모처럼의 오키나와 여행, 아침밥도 몸에 좋은 현지 식재료를 사용한 요리를 먹어 보자. 이번에는 맛있는 아침밥을 제공하는 호텔들을 소개한다.

1

**오키나와
다이이치 호텔**
沖縄第一ホテル

테이블 가득 채워지는 몸에 좋은 약선 조식

유시 두부, 씀바귀 무침, 갯기름나물 샐러드, 파란 파파야 볶음, 우미부도, 자색고구마, 알로에베라, 수제 잼 등 1955년 창업한 노포 호텔 오키나와 다이이치 호텔의 아침은 매일 50여 종의 요리가 테이블 가득 채워진다. 이 모든 것이 1인분으로 제철 야채나 약초를 메인으로

2

심플하게 완성된 수많은 요리는 전부 합쳐도 585칼로리밖에 되지 않기 때문에 완식해도 배에 무리가 가지 않는다. 호텔의 손님은 이 약선 조식이 목적인 사람들이 대부분이다. 몸에 스며들어 마음까지 건강해질 것 같은 아침 식사다.

Map P48-2A
Add 那覇市牧志1-1-12
Tel 098-867-3116
Homepage okinawadaiichihotel.ti-da.net
Fee 싱글 1박 1인 6,000엔부터(조식 불포함)

3

1 약선 조식(3,000엔)은 예약이 필요하다. 8시, 9시, 10시 중 시간을 고를 수 있다. 숙박하지 않더라도 예약하면 이용 가능하다
2 식사는 떨어져 있는 빨간 기와 건물인 '오샤기おしゃぎ'에서 한다
3 국제거리의 근처에 있는 객실이 5개뿐인 작은 숙소. 번화가라고는 생각할 수 없을 정도로 조용하고 많은 저명인사들에게 사랑받아 온 호텔이다

호텔 JAL 시티 나하

ホテルJAL シティ那覇

오키나와의 신선한 재료를 사용한 아침 식사

국제거리 중앙에 있으며, 쇼핑을 하거나 밤에 간단히 요기를 하며 산책하기에 편리한 시티 리조트 호텔이다. '지산지소(지역에서 생산된 농산물은 그 지역에서 소비한다)'를 테마로 한 레스토랑 '보나페티'에서는 총주방장이 직접 사들인 게야농가 직송의 신선한 야채나 오키나와산 식재료를 이용한 요리를 맛볼 수 있다. 오키나와 사람이 아닌 손님들도 고야 참프루나 닌진 시리시리 등 현지의 맛있는 요리를 많이 먹어주길 바란다는 마음에서 조식으로는 오키나와 요리를 시작으로 일식 50~60종의 요리와 풍부한 디저트가 준비되어 있다.

Map P48-2B
Add 那覇市牧志1-30-70
Tel 098-866-2580
Homepage www.naha.jalcity.co.jp
Fee 1박 1인 8,500엔부터(조식 포함, 2명 이용 시)

1 계절 야채를 풍족히 사용한 메뉴. 시콰사 주스, 지마미 두부, 오키나와산 모즈쿠도 인기 있다
2 이그제큐티브 층의 이그제큐티브 트윈룸 1박(조식 포함) 9,500엔부터. 스탠더드 트윈 가격에 1,000엔을 더해서 이 퀄리티라면 단연 이쪽을 추천한다

호텔 로코아 나하
ホテル ロコア ナハ

일찍 일어나고 싶어지는 아침 식사

국제거리의 입구, 오키나와 현청 앞에 위치한 곳으로, 나하 관광이나 비즈니스에도 좋은 장소이다. 월드 구루메 바이킹 '아렛타'의 조식은 산뜻한 맛으로 호평을 얻는 라후테(돼지고기 조림)나 자색 고구마 샐러드 등 신선한 재료를 고집하여 만든 오키나와 요리가 충실하다. 일식과 양식, 그리고 오키나와식의 요리가 변형된 50여 종의 퓨전 메뉴도 맛볼 수 있다. 여행 음식 사이트의 '조식이 맛있는 호텔 랭킹 2013'에서 전국 4위에 랭크인되었다. 일찍 일어나고 싶어지는, 맛있는 아침식사를 즐겨 보자.

Map P48-3A
Add 那覇市松尾1-1-2
Tel 098-868-6578
Homepage www.rocore.jp
Fee 1박(조식 포함) 12,500엔부터

라후테를 시작으로 참프루나 유시 두부 등의 가정 요리, 오키나와의 야채를 사용한 샐러드 바 등 신선한 재료를 사용한 몸에 좋은 요리를 중심으로 준비되어 있다

북부

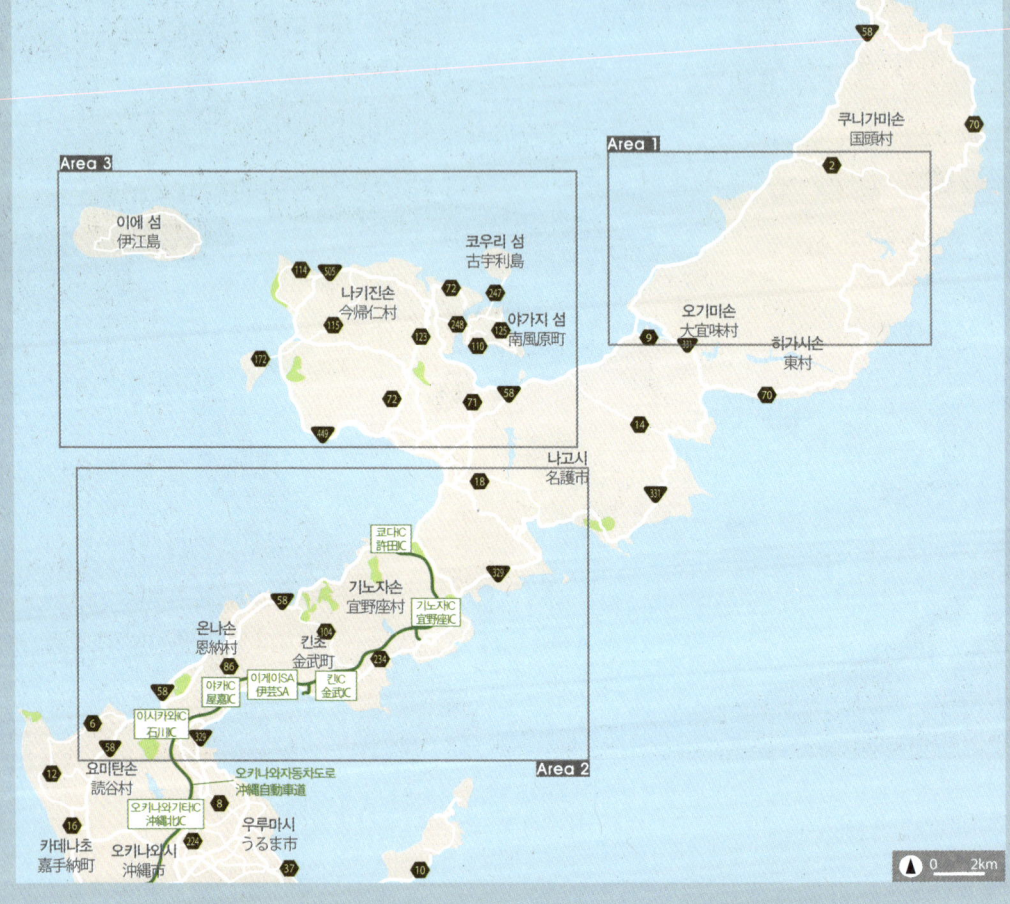

Area 1 히지

Area 2 기노자

Area 3 나키진

이에 섬
伊江島

이에 섬 공항
伊江島空港

이에손
伊江村

카사 비엔토
casa VIENTO

구스쿠야마
城山

카페 쿠쿠무이
カフェ kukumui

오키나와 잡화 니누파
沖縄雑貨 ninufa

이에 항
伊江港

이에 섬 물산센터
伊江島物産センター

세소코 비치
瀬底ビーチ

세소코
瀬底

포 룸스
FOUR ROOMS

0 ____ 2km

남국의 대자연을 만끽할 수 있는

북부 北部

도시의 소음에서 벗어나고 싶다면 북쪽으로 한걸음에 달려가 보자.
최북단의 인터체인지에서 내린 후 계속하여 북쪽으로 달리면 초록빛이 점점 짙어지고, 자연과의 거리가 가까워지고 있음을 피부로 느낄 수 있을 것이다.
숲의 주인이 운영하는 인기 카페와 빵집을 돌아보는 것도 북부를 즐기는 방법 중 하나.
오키나와의 피서지인 얀바루 숲에서 맛있는 공기를 실컷 들이마시며 마음과 머리를 정화시키자.

01 몸이 느긋해지는 네이처 스폿

웅대한 숲으로 둘러싸인 본섬의 북부 지역은 아열대 식물이 우거지고 희소 동물이 살고 있는 자연의 보고이다. 삼림욕 효과도 기대할 수 있는 에코 시티를 마음껏 만끽해 보자.

히지오타키 (캠프장)

比地大滝 (キャンプ場)

아열대 숲을 트레킹하다 만나는 박력 넘치는 폭포

약 26m의 높이에서 떨어지는 오키나와 본섬 최대급의 폭포. 풍부한 물의 양으로 인한 박력에 압도될 것만 같다. 입구에서 용소까지는 1.5km 정도로, 소요시간은 편도 약 40분. 산책로가 정비되어 있어 걷기 쉽지만 오르막길과 내리막길이 험난하기 때문에 꼭 운동화를 신도록 하자. 중간 지점을 넘은 부분에 걸쳐진 빨간색의 커다란 현수교에서는 히지 강比地川을 볼 수 있다. 여름철에도 숲 속은 서늘하다. 모험하는 기분으로 아열대의 숲을 산책해 보자.

1 진귀한 이열대 식물을 관찰하면서 트레킹으로 폭포까지 가 보자. 폭포 주변은 외국인을 비롯한 캠프장 이용자들로 활기차다
2 여름의 피서지로 인기 있는 캠프장

Map P91-Area1
Add 国頭村比地781-1
Tel 0980-41-3636
Homepage yuiyui-k.jp
Open 09:00~16:00 마지막 입장(11월~3월은 ~15:00에 마지막 입장)

쿠니가미손 환경교육센터 얀바루 마나비노모리

国頭村環境教育センター やんばるまなびの森

숲의 달인과 돌아보는 원시림

나하에서 북쪽으로 약 2시간. 아열대 식물이 우거진 숲 속에 설치된 네이처 트레일을 산책할 수 있다. 트레킹을 즐기는 가이드워크나 댐 호수를 카누로 저어 가는 투어 등 다양한 프로그램이 준비되어 있다. 숲에서는 흰눈썹뜸부기, 오키나와딱따구리 등 천연기념물과 다양한 종의 동식물을 관찰할 수 있다고 한다. 부지 안에는 숙박시설이나 레스토랑도 있다. 숲 속에서의 순간을 즐겨 보자.

Map P91-Area1
Add 国頭村安波1301-7
Tel 0980-41-7979
Homepage www.atabii.jp
Open 09:00~17:30(투어는 3일 전까지 예약해야 한다)

1 투어 프로그램 '리버 송 가이드 워크リバーソングガイドウォーク'(어른 3,100엔) 중 볼 수 있는 신비한 폭포. 사람이 들어가지 않는 깊은 숲 속을 지나간다
2 계속 이어지는 아열대 숲
3 가이드 도중에 본 커다란 도토리

02 숲 속에서 부리는 사치, 네이처 카페

초록과 일체화된 듯한 개방적인 공간은 얀바루 지역에서만 누릴 수 있는 특권.
자연에 몸을 맡기고 느긋하고 한가로운 시간을 보내보자.

1

가지만로
がじまんろー

시콰사 밭에서 천천히 흐르는 온화한 시간

'가지만로'란 오키나와 사투리로 '많이 있다'는 뜻이다. 원래는 밭에 붙여진 이름으로, 그 이름대로 시콰사가 풍부하게 열리는 자가농원과 오기미손大宜味村의 산들에 둘러싸인 자연이 넘치는 곳이다. 해먹이나 그네가 흔들리는 넓은 정원은 자생 식물이 자라고 있는 개방적인 공

간. 신선한 시콰사는 물론 정원의 밭에서 딴 야채와 허브도 요리에 사용하고 있다. 추천하는 것은 보로보로 쥬시(오키나와식 죽)로, 계절 잎채소를 비롯해 오기미손산 호박, 쿠니가미손산 버섯이 듬뿍 들어 있다. 자연과 가까운 맛이 몸과 마음에 스며들 것이다.

Map P91-Area1
Add 大宜味村大宜味923-3
Tel 0980-44-3313
Homepage gajimanrou.ti-da.net
Open 11:00~17:00, 금요일~일요일 휴무

1 웅대한 풍경을 즐기면서 테라스에서 느긋한 시간을 보내보자.
  직접 짠 시콰사 주스 476엔, 케이크 381엔
2 넓디넓은 가든에서 있는 그대로의 자연을 체감할 수 있다
3 보로보로 쥬시&드링크 세트ぼろぼろじゅうしー&ドリンクセット 952엔.
  정원의 히비스커스를 따서 그대로 꽃차를 만들었다
4 내 몸과 가까이 있는 재료가 안심된다고 하는 주인 마자 씨

카페 하코니와
Cafe ハコニワ

독서에 열중하고 싶어지는 레트로 모던한 어른의 공간

숲 속에 조용히 숨어 있는 고택 카페 하코니와는 기와의 따뜻함을 간직하면서 그 느낌과 어울리는 모던한 배색과 앤티크 가구로 꾸민 인테리어가 인상적이다. 요리는 현지이 야채를 사용했으며 매일 바뀌는 히가와리 플레이트 런치 日替わりのプレートランチ 외 시마야사이와 치킨 카레 島野菜とチキンのカレー, 바게트 샌드 バケットサンド도 추천한다.

Map P93-Area3
Add 本部町伊豆味2566
Tel 0980-47-6717
Open 11:30~17:30, 수요일 및 목요일 휴무

1 오늘의 하코니와 플레이트 本日のハコニワプレート(흑미밥, 스프, 쁘띠 케이크 포함) 900엔. 도자기 식기는 모두 주인인 타니구치 무로 씨의 작품으로, 가게 안의 갤러리 공간에서 전시 판매도 하고 있다
2 가게는 지어진 지 50년 이상이 된 기와집을 두 명의 여성 오너가 개조한 것이다
3 초록빛이 넘치는 경치도 즐겨보자. 툇마루에서 느긋하게 조용한 오후 시간을 보내는 것도 추천

남염다방 아이카제
藍染茶房 藍風

이즈미 숲 속에서 보내는 기분 좋은 쪽빛의 순간

이즈미의 산골짜기에 있는 카페&갤러리. 오너 부부가 만드는 쪽빛 염색 제품에 둘러싸인 정취가 있는 공간으로, 아름다운 경치와 함께 차를 마시거나 식사를 즐길 수 있다. 갤러리에는 직접 재배한 류큐의 쪽염료로 손수 물들인 수많은 제품이 진열되어 있고, 쪽빛의 유약을 사용한 도자기 등 개성적인 작품도 있다. 부지 내 공방에서는 염색 체험을 할 수 있다. 전날까지 예약해야 하며 소요 시간은 4시간(952엔부터).

Map P93-Area3
Add 本部町伊豆味3417-6
Tel 0980-47-5583
Homepage aikaze.jp
Open 4월~9월 10:00~18:00(17:00 LO), 10월~3월 10:00~17:00(16:00 LO), 월요일 및 목요일 휴무

1 짙은 녹색의 산들이 바라다보이는 카운터석과 이로리를 둘러싼 테라스석이 있으며 매우 운치 있다
2 야채가 듬뿍 들어간 오키나와식 오코노미야키인 아이카제 특제 히라야치
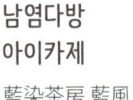
藍風特製ヒラヤーチー 550엔
3 식기로는 이즈미야키의 쪽빛 도자기를 사용. 깊이가 있는 남빛의 컵으로 마시는 커피의 맛은 특별하다

03 꼭 먹어 봐야 하는 남국의 음식

최근 주목받고 있는 빵과 옛날 그대로의 젠자이.
드라이브 도중에 잠시 들러 남국의 음식을 맛보자.

빵

1 맷돌로 간 밀가루를 사용한 소박한 맛의 쿠키
2 시콰사 호밀빵シークァーサーのライ麦パン, 시콰사 캄파뉴 シークァーサーカンパニュ 각 360엔
3 시마도후의 비지빵島豆腐のおからパン 360엔

야에다케 베이커리
八重岳 ベーカリー

지역의 사랑을 계속 받아오고 있는 산속의 빵집

창업 37년. 야에다케의 중턱에 있는 산속의 오두막집과 같은 빵집에서는 통밀을 사용하여 몸에 부드러운 식물성 흑빵을 만들고 있다. 도쿄의 유명 베이커리인 '르베인'에서 제빵 기술을 연마한 오하라 씨와 그의 부인이 4년 전에 스태프로 참여하였다. 시콰사와 벚찌로 효모를 만들어 천연효모빵을 굽거나 오키나와산 흑설탕을 사용하여 쿠키를 만드는 등 신상품을 계속해서 개발하고 있다. 부지 내의 밭에서는 야에다케 밀의 재배에도 도전하는 등 새로운 시도를 계속하고 있다.

Map P93-Area3
Add 本部町伊豆味1254
Tel 0980-47-5642
Homepage yaedake.com
Open 10:00~17:00, 토요일 휴무

갈리반트 베이커리
Gallivantbakery

마을의 야채에 반한 점주가 시작한 여행하는 빵집

여기저기 채소밭이 흩어져 있는 한가한 마을에 오픈한 작은 빵집. 기타나카구스쿠손에 있는 PLOUGHMAN'S LUNCH BAKERY (P33 참조)에 근무했었던 코모토 씨가 독립하여 오픈한 가게로, 토요일만 운영하지만 소문을 듣고 찾아오는 손님들이 끊이지 않는다. 신선한 야채를 사용한 상기산 밀효 빵이 호평. 굳이 시골에 가게를 연 이유는 "맛있는 토마토를 먹을 수 있기 때문"이라며 웃는 코모토 씨. 근처의 시라소 농원으로부터 무농약 야채를 매입하여 사용하고 있다고 한다.

Map P91-Area2
Add 宜野座村松田35
Tel 080-2695-0276
Homepage galliva.net
Open 09:00~품절되는 대로 영업 종료, 토요일만 운영

1. 건포도와 호밀로 만든 장기간 발효 빵
2. 호박 포카치아 カボチャのフォカッチャ. 기노자손에서 채취한 허브를 사용했다
3. 보존료, 첨가물, 펙틴을 사용하지 않고 만든 수제 잼. 재료의 좋은 점이 돋보이는 부드러운 맛으로 밀크 캐러멜, 차이 등 다섯 종류가 있다
4. 평일은 빵 교실을 운영하고 있는 코모토 씨

북부

젠자이

1
2

류핀
온나노에키점

琉冰
おんなの駅店

남국의 과일이 넘치는 트로피컬 행복

온나손의 '온나노에키_{おんなの駅}' 안에 있으며 오키나와산 과일을 듬뿍 사용한 빙수와 주스가 인기 있다. 명물은 망고나 파인애플 등 계절에 따라 바뀌는 과일이 산처럼 쌓여 나오는 아이스마운틴(빙수) 트로피컬 프루트. 맨 위에는 망고 아이스가 올려져 있으며 3~4명이 나눠 먹어도 모두 만족할 만한 양이다. 아이스마운틴(빙수)은 10종류 이상 있으며 흑설탕, 자색 고구마 등 오키나와 젠자이도 준비되어 있다.

Map P91-Area2
Add 恩納村仲泊1656-9(온나노에키 내)
Tel 090-5932-4166
Homepage mangopin.ti-da.net
Open 10:00~19:00

1 드라이브 도중에 가볍게 들르기 좋다
2 온나손의 패션프루트를 토핑한 아이스마운틴 트로피컬 프루트 アイスマウンテン(かき氷)トロピカルフルーツ 950엔
3 깜짝 놀랄 정도로 많은 과일의 양

3

아라카키 젠자이야

新垣ぜんざい屋

Map P93-Area3
Add 本部町渡久地11-2
Tel 0980-47-4731
Open 12:00~18:00(품절되는 대로 영업 종료), 월요일 휴무

달콤함이 입안 가득 퍼지는 소박하고 부드러운 팥빙수

창업 60여 년의 노포로 메뉴는 코오리젠자이氷ぜんざい 하나뿐이다. 1인분부터 20인분까지 사람 수별로 버튼이 늘어선 식권 자동판매기도 독특하다. 2006년 점포를 새롭게 개장한 후에도 가마는 버리지 않고 남겨 두었으며 장작으로 강낭콩을 장기간 삶는 옛날 그대로의 제법은 지금까지 이어지고 있다. 다 익은 강낭콩은 한껏 부풀어 있는데, 한 번에 많이 삶으면 쫄깃힌 식감으로 완성된다고 한다. 계절이나 시간대에 따라 행렬이 생기는데, 먼 곳에서 일부러 오는 손님이나 포장용으로 한 번에 많이 사가는 손님들도 많다.

1 모토부마치 시장 건너편에 있으며 옛스러운 분위기를 연출한다
2 코오리젠자이氷ぜんざい 250엔. 눈과 같이 부드럽고 폭신폭신한 얼음과 깊이가 있으며 적당히 달콤한 강낭콩이 절묘한 조화를 이룬다
3 계속해서 들어오는 주문에 가게 안에는 언제나 얼음 가는 소리가 경쾌하게 울려 퍼진다

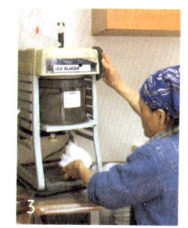

04 섬의 수공예품 발견, 공방 방문하기

도자기와 칠기. 얀바루의 숲에서 물건 만들기에 힘쓰는 작업자의 공방을 방문해 보자.

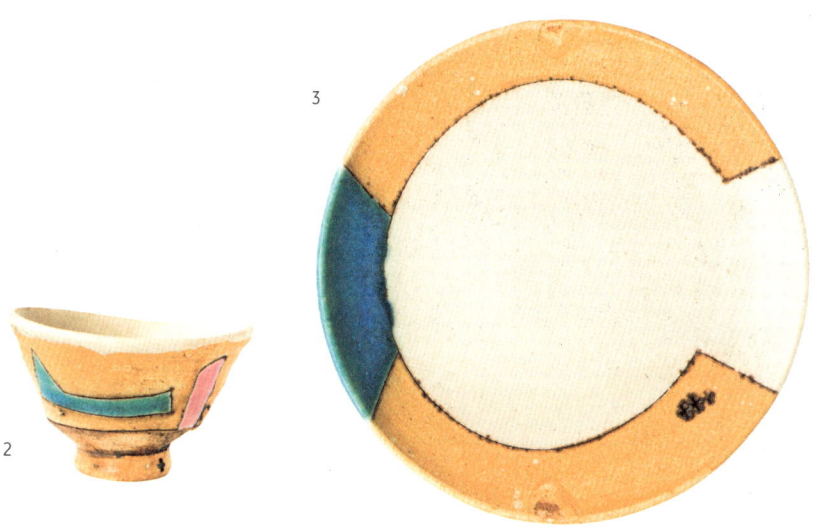

코도마리 료
小泊良さん

반짝이는 아이디어가 만들어 내는, 식탁에 웃음을 번지게 하는 그릇

밝고 쾌활한 얼굴의 코도마리 료 씨가 만든 그릇은 마치 식탁 위에서 통통 튀는 무희와 같아 언제나 즐거운 식탁을 연출해 준다. 나키진손의 녹음이 짙은 숲에서 코도마리 씨의 그릇은 태어났다. 대자연 속에 공방을 차린 것은 8년 전. 당시는 조선시대의 그릇에 자극을 받아 모노톤의 작품이 중심이었지만 그릇 만들기를 시작하고부터는 생활 속에 예술을 도입하는 감각이 싹텄다고 한다. 주위의 환경이나 아이에게 영향을 받는 등 요인은 여러 가지라고. "해 보고 싶은 기법이 아주 많습니다. 같은 것을 만들기보다는 끊임없이 바꿔 갈 거예요"라고 말하는 코도마리 씨는 오늘도 반짝이는 아이디어에서 꿈으로 넘치는 그릇을 만들어 내고 있다.

구입할 수 있는 곳
도 · 요카리요 陶·よかりよ
Map P49-3C
Add 那覇市壺屋1-4-4
Tel 098-867-6576
Homepage www1.ocn.ne.jp/~yokariyo
Open 10:00~19:00, 일요일 및 공휴일 12:00~19:00, 수요일 휴무

1 고르는 것이 즐거워지는 작품들
2 그림이라기보다 기호와 같은 디자인. 작가의 메시지를 해석하는 즐거움도 있다
3 파스타나 반찬을 담을 때도 사용할 수 있는 다용도 접시. 무늬도 독특하다
4 색을 최소한으로 한 컵과 컵받침. 균일하지 않고 일그러진 모양도 다 작가의 의도이다
5 시즈오카 현 출신의 코도마리 씨. 현재는 두 아이의 아빠로서도 고군분투 중이다
6 사과인지 식물인지 사용하는 사람을 고민하게 만드는 무늬도 코도마리 씨 그릇의 매력 중 하나

목칠공 토케시

木漆工とけし

부부의 공동작업으로 만들어진 고급 칠기를 보통의 식탁에서

'목칠공 토케시'에서는 갈이장이인 토케시 히로유키 씨와 칠기 장인인 아이 씨가 공동작업으로 하나의 작품을 완성하고 있다. 칠기를 일상 도구로 사용했으면 좋겠다며, 옻의 윤기를 억제하거나 나뭇결을 표면에 나타내는 등 여러 가지로 고안하고 있다. 칠기라고 하면 사용하기 부담스럽다고 느껴질지도 모르지만 파스타 같은 양식과도 어울리며, 가볍게 사용할 수 있는 것이 장점이다. 심플하면서 조형미가 풍부한 그릇에서는 두 사람의 정성스러운 일솜씨를 엿볼 수 있다.

오키나와 출신인 두 사람은 칠기 산지인 와지마輪島에서 기술 연마를 거듭한 끝에 4년 전 오키나와로 돌아왔다. 오키나와의 목재를 만나면서 새로운 세계가 보이기 시작했다는 토케시 씨. 앞으로의 활약이 기대된다.

1 사용하면 할수록 멋이 드러나는 칠기. 백, 녹, 흑 등 옻의 종류나 나무의 종류에 따라서도 분위기가 바뀐다
2 각기 다른 옻칠 방법으로 만든 주걱
3. 4 공방, 자택도 모두 직접 만든 것
5 인품이 좋은 토케시 씨의 가족
6 오키나와의 멀구슬나무로 만든 사발. 오키나와 나무의 특징이기도 한 나이테가 보이도록 고안하여 옻을 칠하고 있다

구입할 수 있는 곳
Shoka
Map P129-Area2
Add 沖縄市比屋根6-13-6
Tel 098-932-0791
Homepage shoka-wind.com
Open 12:30~19:00, 화요일 휴무(홈페이지에서 스케줄을 참고하자)

05 휙 둘러보는 북부 드라이브 코스

숲과 바다 등 풍부한 자연과 세계유산, 내추럴한 카페. 오키나와 본섬의 북부에는 드라이브 '하는 김에'가 아닌 '꼭 가고 싶은' 장소가 즐비해 있다.

1

**숲의 식당
스마일 스푼**

森の食堂
smile spoon

복고적이면서 클래식한 공간에서 가볍게 즐기는 코스 런치

흰색을 바탕으로 앤티크 가구를 배치한 인테리어는 마치 호텔 레스토랑 같다. 그렇다고 해서 격식을 차리는 가게는 아니기 때문에 천천히 식사를 즐겼으면 좋겠다고 말하는 이곳은 히라코 씨 가족이 운영하는 식당이다. 정성이 들어간 코스 요리를 맛보면서 집에서와 같이 편안한 시간을 보낼 수 있는 곳이다.

Map P93-Area3
Add 本部町伊豆味2795-1
Tel 0980-47-7646
Homepage www.smilespoon.net
Open 11:00~17:00, 일요일 및 월요일 휴무

1 밥과 잘 어울리는 양식을 제공. 두 종류의 코스(1,500~2,000엔) 중 선택할 수 있다
2 가족 손님 대환영. 어린아이를 데려와도 편안하게 있을 수 있다
3 아름답게 세팅된 테이블이 놓여 있다

2

비세의 후쿠기 가로수길
備瀬の フクギ並木

정적으로 감싸진 풍경, 나뭇잎 사이로 비치는 햇빛 속을 천천히 산책하자

오키나와에서 옛날부터 바람막이숲으로 사용되어 온 후쿠기. 모토부 반도 本部半島 동쪽 끝에 있는 비세의 후쿠기 가로수길은 후쿠기가 마치 마을을 덮치듯 우거져 있으며, 오키나와 본섬에서는 최대 규모의 가로수길이다. 마을 내를 유람하는 물소차도 있으며, 그리운 풍경을 천천히 만끽할 수 있다.

Map P93-Area3
Add 本部町備瀬
Tel 0980-47-3641(모토부마치 관광협회)

3

1

나키진 성터
今帰仁城跡

장대한 성벽과 멋진 전망이 감동적인 세계유산을 방문하다

류큐왕국 성립 이전에 오키나와 본섬 북부를 다스리고 있던 호쿠잔 왕의 거성. 그 면적은 슈리성과 거의 비슷하다. 지형을 교묘하게 살린 약 1.5km의 성벽은 훌륭한 곡선을 그리며, 눈 아래에는 바다가 펼쳐져 있다. 오키나와 굴지의 명성이라고도 불리며, 매년 1월 하순에는 아름다운 히칸자쿠라緋寒桜를 볼 수 있다.

Map P93-Area3
Add 今帰仁村今泊5101
Tel 0980-56-4400(나키진 성터 관리사무소)
Homepage nakijinjo.jp
Open 08:00~18:00, 5월~8월 08:00~19:00
Fee 어른 400엔, 초·중·고등학생 300엔, 초등학생 미만 무료

2

1 나키진 성터의 정문, 헤이로몬平郎門
2 절경이 펼쳐지는 기타도노北殿跡 북쪽의 우치바루都内原

1 코우리 섬 북쪽 해안에 있는 하트 모양의 바위 '하트 로크'. 바로 앞에는 비치 하우스도 있다
2 코우리 대교에서 바라본 광경은 오키나와 굴지의 아름다움을 자랑한다

야가지 섬 · 코우리 섬
屋我地島 · 古宇利島

섬에서 섬으로 절경을 따라가는 해상 드라이브

야가시 대교 屋我地大橋나 와루미 대교 ワルミ大橋로 본섬과 연결된 야가지 섬 屋我地島은 사탕수수나 파인애플 밭이 펼쳐지는 조용하고 한가한 풍경이 매력적이다. 인기 있는 캠프장도 있다. 야가지 섬에서 전체 길이 약 2km의 다리를 건너가면 있는 코우리 섬 古宇利島은 숨겨진 명소이다. 7~8월에는 명물 우니동(성게 덮밥)을 맛볼 수 있다.

Map P93-Area3
Add 야가지 섬 名護市屋我地島, 코우리 섬 今帰仁村古宇利
Tel 야가지 섬 0980-53-7755(나고시 관광협회), 코우리 섬 0980-56-2256(나키진손 경제과 상공관광계)

5

시마 도넛
しまドーナッツ

엄마의 애정이 듬뿍 담긴 소박한 수제 도넛

시마도후(오키나와의 두부)의 비지나 두부를 사용한 도넛이 인기 있는 가게이다. 육아에 한창인 엄마들이 아이들도 안심하고 먹을 수 있도록 밀가루나 달걀 등 재료 하나하나에 신경을 쓰면서 만들고 있다. 자색 고구마나 지마미(땅콩)와 같이 오키나와에서만 맛볼 수 있는 도넛도 있다.

Map P93-Area3
Add 名護市伊差川270
Tel 0980-54-0089
Homepage shimado.ti-da.net
Open 11:00~15:00, 일요일 및 공휴일 휴무

1.3 원래 횟집이었던 낡은 기와집이 귀여운 도넛 가게로 변신
2 도넛은 항상 10종류로 각 143엔부터

북부

06 페리로 30분, 발을 조금만 더 뻗어 이에 섬에

볼록 튀어나온 삼각 모자 모양의 산 구스쿠야마城山가 이곳이 이에 섬임을 알려 준다.
나팔나리와 히비스커스가 화려하게 피는 꽃의 섬으로 소여행을 떠나 보자.

잠깐의 배 여행, 그리고 섬 산책

오키나와 추라우미 수족관에서 바다를 바라보면 고깔모자가 불쑥 얼굴을 내밀고 있는 듯한 작은 섬이 보인다. 이 귀여운 섬이 바로 이에섬伊江島. 모토부 항에서 출항하는 카페리를 타면 단 30분 만에 도착하며 쉽게 오갈 수 있어 여성 혼자라도 배 여행을 즐길 수 있다. 이에 섬의 장점은 뭐니 뭐니 해도 섬의 아름다움. 가는 곳마다 빨간색, 노란색, 흰색의 꽃들이 맞이해 준다. 4~5월은 나팔나리가 화려하게 꽃피우며, '유리마츠리(백합 축제)'가 개최되어 마을에 활기가 넘친다.

모토부 반도에서 보이는 삼각모자의 정체는 표고 172m의 구스구아마. 섬사람들은 친밀함을 담아 '이에지마 닷츄伊江島タッチュー'라고 부른다고 한다. 산 정상까지는 약 15분. 경사면이 급하기 때문에 운동부족인 사람은 무릎이 덜덜 떨릴지도 모르겠다. 섬을 한 바퀴 휘 돌 예정이라면 자동차나 원동기가 달린 자전거가 편리하다. 조용한 마을을 느긋하게 산책하는 것도 추천한다.

1 기와집 건너로 보이는 것이 닷츄
2 약 86,000㎡의 광대한 공원 내에 100만 송이의 나팔나리가 화려하게 핀다고 한다
3 마을을 걷고 있는데 어디선가 들려오는 산양의 울음소리. 우리를 들여다보니 불쑥 얼굴을 내밀어 준다
4 페리에서 보이는 이에 섬

이에 섬 오리지널 Food&Drink

 와지涌出의 솟아오르는 물로 만든 이에 소다 XXX. 드래곤 프루트가 들어간 핑크 드래곤 200엔

 섬에서 생산된 흑설탕을 사용한 이에 소다 XXX의 블랙콜라 200엔. 많이 달지 않고 산뜻한 맛이다

  '이에규伊江牛'를 레드와인으로 맛을 낸 소고기 육포. 캔과 팩이 있다. 캔 953엔, 팩 477엔

이에 섬 물산센터 伊江島物産センター
Map P92-Area3
Add 伊江村川平519-3(이에 항 터미널 1층)
Tel 0980-49-5555
Homepage www.rakuten.co.jp/auc-ie-mono
Open 07:00~16:00

카페 쿠쿠무이
カフェ kukumui

Map P92-Area3
Add 伊江村東江上549
Tel 0980-49-2202
Homepage casaviento.info
Open 11:30~17:30, 일요일 및 월요일, 공휴일 휴무(임시 휴업 있음)

동화 속 집 같은 카페에서 따뜻한 식사를

'쿠쿠무이'란 이에 섬의 사투리로 꽃봉오리를 의미한다. 오너인 카네시로 씨 부부가 '방문하는 사람과 함께 꽃을 피우고 싶다'는 생각에서 이름 붙인 것이라고 한다. 밀려오는 파도를 이미지한 독특한 구조의 건물은 카네시로 씨의 아버지가 혼자서 만든 카네시로 가문의 자랑스러운 집이라고. 마치 동화 속 세계에서 튀어나온 것 같은 집의 문을 열면 멋진 카페 공간이 펼쳐진다. 메뉴는 섬의 재료를 사용한 그린 카레나 수제 천연 효모를 사용해 만든 크로크마담 등이 있다.

1 카페는 이에 섬 출신인 카즈키 씨와 히로시마 출신인 히토미 씨가 꾸려나가고 있다
2 아티스트의 개인전이나 아동복 판매 등도 겸하고 있다
3 플레이트 런치 プレートランチ 950엔(커피, 샐러드 포함). 이에 섬을 비롯해 오키나와의 식재료를 중심으로 사용한다

카사 비엔토
casa VIENTO

예술 공간을 즐기며 꿈꾸는 듯한 기분으로 1박

카페 쿠쿠무이와 같은 건물 안에 있는 숨겨진 숙소. 딱딱한 콘크리트를 부드럽게 보이기 위해 구불구불한 곡선으로 구성한 건물이 특징적이다. 트윈룸 외 단체 손님용인 8명이 묵을 수 있는 큰 방이 있고, 1층의 공동 공간에서는 숙박객끼리 교류를 할 수 있다. 눈앞에는 커다란 닷츄(구스쿠야마)가 치솟아 있고, 발코니에서 보는 경치는 최고다.

Map P92-Area3
Add 伊江村東江上549
Tel 0980-49-2202
Homepage casaviento.info
Open 개인실 1박 4000엔(1인 이용 시)

1 청결감이 느껴지는 트윈룸. 700엔을 더 내면 조식을 먹을 수 있다
2 1층의 공동 공간에는 직접 밥을 해 먹을 수 있는 설비가 갖추어져 있다. 밤에는 숙박객끼리 교류의 장이 펼쳐지기도 한다
3 벽에는 그림과 책이 장식되어 있다

오키나와 잡화
니누파

沖繩雜貨
ninufa

오키나와 작가들의 '수작업'이 모인 섬의 작은 잡화점

밭 옆에 오도카니 서 있는 3평 크기의 작은 가게에는 점주 우에조 씨의 마음에 드는 물건들이 모두 모여 있다. 오키나와 각지를 돌며 발견했다는 도자기와 유리 그릇, 베니가라 소품은 모두 수제품으로 단 하나밖에 없는 것. 관광으로 온 중고등학생이 선물로 사기 쉽도록 조개껍데기로 직접 만든 액세서리도 판매하고 있다. 여성의 마음을 사로잡을 만한 귀여운 작품이 많아, 보고 있기만 해도 즐거운 기분이 들 것이다.

Map P92-Area3
Add 伊江村川平638
Tel 0980-49-2305
Homepage ninufa.com
Open 10:00~17:00, 부정기 휴무

1 점주는 기후현 출신의 우에조 씨. 이에 섬 생활은 19년째라고 한다
2, 4 도방 히후미(一風水)의 피어스 1,800엔. 파츠는 도자기로 만들었으며 그릇과 같은 무늬로 채색되어 있다
3 선반에는 공방 코큐나 이로하 공방 등 여성 작가의 그릇도 놓여 있다. 창문으로 보이는 경치에 마음이 편안해지는 듯하다

07 바다와 숲으로 둘러싸인 북부 리조트 호텔

모처럼의 오키나와, 한 번쯤은 우아한 리조트에 머물러 보는 것도 꿈꾸게 된다.
몸과 마음이 편안해지는 멋진 호텔이 오키나와의 북부 지역에 가득하다.

**더 테라스 클럽
앳 부세나**

ザ·テラスクラブ
アット ブセナ

몸과 마음이 평온해지고 쾌적하게 지낼 수 있는 호텔

더 테라스 호텔의 네 번째 호텔로서 2011년 4월에 오픈했다. 아침노을이 멋진 풀, 전망이 좋은 넓은 게스트룸, 오키나와산 식재료를 듬뿍 사용한 '시마 퀴진sima キュウイジーヌ' 등 섬세한 대접에 기분이 좋아지는 어른을 위한 럭셔리 리조트이다. 부세나 곶에서 퍼올리는 신선한 바닷물을 사용한 탈라소 풀이 있는 스파 시설 '웰니스 탈라소'에는 탈라소 테라피 프로그램을 중심으로 운동과 릴랙스 메뉴가 준비되어 있으며 '건강과 아름다움의 재생'을 제안하고 있다.

Map P91-Area2
Add 名護市喜瀬1750
Tel 0980-51-1113
Homepage www.terrace.co.jp/clubatbusena
Fee 1박(조식 포함) 73,700엔부터

1 바다와 일체화된 듯한 워터 플로 스타일의 숙박객 전용 아웃 도어 풀
2 아름다운 나고 만을 바라볼 수 있는 클럽 디럭스 오션뷰 룸. 욕실과 침실의 경계를 없앤 독특한 레이아웃이 매력이다
3 웰니스 탈라소에서는 딜라소 풀을 이용할 수 있고 릴랙스, 뷰티, 디톡스, 다이어트 등 목적별로 프로그램을 준비해 놓았다
4 꽃과 식재가 인상적인 외관

카누차베이 호텔&빌라

カヌチャベイ ホテル&ヴィラズ

숲과 바다가 펼쳐지는 낙원 리조트에서 생활하듯 여행하다

약 80만 평의 광대한 부지에 8개 스타일의 호텔 건물과 아름다운 해변, 3종류의 풀, 숍과 레스토랑 등이 마치 하나의 마을을 이루듯 구성되어 있다. 자연과 어우러질 수 있는 체험 메뉴나 카누차 스파, 하와이언 로미로미&오키나와 에스테 등 독자적인 릴랙제이션 메뉴도 충실하다. '지산지소(지역에서 생산된 농산물은 그 지역에서 소비한다)'를 테마로 셰프가 직접 현지의 새벽시장이나 항구에 나가 사온 신선한 식재료로 요리를 하며, 음식들은 모두 맛있고 개성적이다. 느긋한 리조트 라이프를 즐겨보자.

Map P91-Area2
Add 名護市安部156-2
Tel 0980-55-8880
Homepage www.kanucha.jp
Fee 1박 40,000엔부터

1 객실은 모두 304실이며 19가지 스타일로 구성되어 있다
2 자쿠지가 있는 주니어 스위트룸은 커플에게 인기 있다. 스탠더드 트윈룸의 면적은 51.84㎡이며, 널찍한 방의 배치가 인기. 넓은 발코니도 특징이다
3 카누차 오리지널 아이템이 구비되어 있는 오리지널 스타일 숍 Cuculu
4 주니어 스위트룸의 캐노피 침대
5 프런트와 레저 데스크가 있는 프런트 동. 리조트 내의 이동은 전용 무료 트롤리 버스나 렌털 카트를 이용한다

중부

Area 1 요미탄

Area 2 우라소에

Area 3 미나토가와 외국인주택

미국의 문화를 접할 수 있는

중부 中部

58번 국도를 따라 나하에서 북쪽으로 오르다 보면 거리의 분위기가 갑자기 바뀌는 곳이 나타난다.
오키나와 중에서도 미군기지가 차지하는 비율이 큰 중부 지역은 쇼와 시대부터 미국 문화가 뿌리내린 곳으로 지금까지도 그 모습이 남아 있다.
영문 간판이나 상자 모양의 외국인 주택도 이곳에서만 볼 수 있는 광경.
최근에는 이 외국인 주택을 개조한 카페나 잡화점이 늘어났다.
중부 지역을 돌아보며 미국 스타일을 즐겨 보자.

01 지금 바로 주목해야 할 곳! 기타나카구스쿠손과 오키나와시

최근 중부에서 추천할 만한 곳을 묻는다면 바로 떠오르는 곳이 기타나카구스쿠손北中城村 과 오키나와시沖繩市 지역이다. 예쁜 카페와 잡화점이 연이어 오픈하고 있어 중부 지역을 간다면 놓치지 않고 들러야 할 곳이다.

텐
ten

매일이 즐거워지는 예술적 생활 도구

흰 벽의 외국인 주택을 개조한 청결감이 넘치는 가게. 갤러리와 부티크를 믹스시킨 듯한 가게를 만들고 싶었다는 오시로 씨 부부는 일본 전국에서 작품을 모아 왔다. 200년의 역사를 가진 반슈오리(효고 현에서 생산되는 면직물) 디자이너 타마키 니이메 씨의 숄 외에, 그릇은 오미네 공방의 심플한 작품부터 마스다 료헤이 씨나 카츠키 아야 씨 등 유니크한 디자인의 작품까지 폭 넓게 취급하고 있다.

Map P129-Area2
Add 北中城村島袋1497
Tel 098-894-2515
Homepage ten-o.net
Fee 12:00~18:00, 월요일~수요일 휴무

1 흰 벽과 잘 어울리는 마스다 료헤이 씨의 그릇은 화분으로도 사용할 수 있다
2 요리하는 것이 즐거워지는 마스다 료헤이 씨의 그릇 5,000엔
3 라오스의 렌텐족이 만든 코스터 1,000엔
4 야마다 요시리키 씨의 은접시 3,200엔

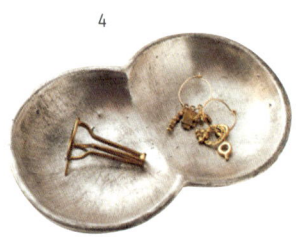

켄산부타노 치즈빵코나야키 県産豚のチーズパン粉焼き 1,150엔. 그릇은 울퉁불퉁한 흙의 질감이 살아 있는 것이 특징적이다

로기
Roguii

오키나와 작가의 그릇에 야채를 듬뿍 담아낸 플레이트 런치

부지 전체가 녹색으로 뒤덮인 카페는 잡화점 ten에서 도보로 약 2분 거리이다. 주차장에서 돌계단을 따라 산책하는 기분으로 올라가 문을 열면 즐거운 음악과 맛있는 향기에 사로잡힌다. 당근, 마, 사과를 섞은 천연 효모 빵의 평판이 좋다. 식사는 야채를 풍족히 사용한 플레이트 런치 외에 카레나 로스트 치킨 샌드 등 네 종류가 있고, 메뉴는 정기적으로 바뀐다. 요리는 오키나와의 작가가 만든 그릇에 담겨져 등장하는데, 이것도 로기에서 누릴 수 있는 즐거움 중 하나이다.

Map P129-Area2
Add 沖縄市与儀2-11-38
Tel 098-933-8583
Open 12:00~22:00, 일요일 12:00~17:00, 월요일 및 화요일 휴무

02 아메리칸 느낌이 물씬! 외국인 주택 리노베이션

미군관계자의 주거용으로 지어진 콘크리트 단층집 건물인 외국인 주택.
그 복고적인 공간을 이용한 가게는 오키나와에서 지금 가장 주목해야 할 곳이다.

1

2

20세기 하이츠
20世紀ハイツ

과거의 명작과 만날 수 있는 바다가 보이는 앤티크 숍

아르누보, 아르데코 시대에 만들어진 양식기나 메이지 시대의 골동품, 기모노 등 앤티크 잡화로 가득한 가게 안. 침실이 여러 개 있는 외국인 주택의 배치를 활용해 방을 통째로 일본식이나 서양식 등 테마별로 디스플레이했기 때문에 좋아하는 장르를 찾기 쉽다. 도쿄의 키치조지에 있었던 가게를 부인의 고향인 오키나와로 이전한 것은 2년 전. 도쿄의 상품과는 색달라 신선하다고 말하는 스도 씨는 "물건이 말을 걸어 올 때가 있어요. 어떤 경로로 만들어졌는지를 생각하는 것만으로 두근두근합니다."라며 매력을 이야기한다.

3

4

Map P129-Area2
Add 宜野湾市大謝名2-17-7
Tel 098-963-9349
Homepage www.20century-heights.com
Open 11:00~18:00, 일요일 및 수요일 휴무

5

1 식기나 시계 등이 놓인 거실. 그 건너편은 카페로 이루어져 있다
2 수동식 제분기로 콩을 갈아 넬드립한 커피와 수제 케이크는 앤티크 양식기에 담겨 등장한다. 우아한 기분으로 커피 타임을 즐겨 보자
3 핀란드 컵과 컵받침 8,000엔
4 높은 곳에 있어 조망이 탁 트인다
5 다이쇼 시대에 사용되었던 목판화 봉투 3,500엔부터

잡화점 [소]
雜貨屋 [ぞ]

감정사인 점주가 전국에서 모은 심플하고 소박한 일상 도구

문을 열면 눈에 들어오는 것은 일본 각지에서 모은 일상 도구. 식기나 바구니, 비, 수건 등 장인이나 작가가 노력과 시간을 들여 만든 생활의 도구가 늘어서 있다. 간소하고 소박하지만 소재감이 있는 것을 고르고 있다는 점주 타나베 씨. 오키나와의 작가를 중심으로 해골이나 주먹밥을 테마로 한 귀여운 기획전도 열고 있다. "오키나와는 물건을 만드는 사람들이 많은데, 그들은 모두 절차탁마切磋琢磨하고 있는 것 같아요. 그런 사람의 상냥함이 작품에서 고스란히 느껴진답니다."

4

Map P129-Area2
Add 宜野湾市大謝名1-24-18
Tel 098-898-4689
Homepage sso-design.jp
Open 12:30~19:30, 수요일 및 목요일 휴무(임시 휴업 있음)

1 이토바쇼로 만든 바구니. 프레임에 와이어를 사용했기 때문에 튼튼하다.
  대 6,000엔, 소 4,600엔
2.5 슈리에 공방을 차린 decco의 자기 식기. 단추가 포인트이다. 접시
    1,750엔, 컵 2,150엔
3 나무를 배합한 온기가 느껴지는 공간
4 노렌이 표식인 단층의 외국인 주택

5

마법커피
魔法珈琲

예술을 느낄 수 있는 신비로운 세계,
책과 커피가 함께하는 더없이 행복한 시간

주택가에 조용히 위치한 커피점. 문을 열면 엷은 파란색과 분홍색으로 칠해진 즐거운 세계가 펼쳐진다. 이국에서 헤매는 듯한 착각에 빠질 것 같은 공간은 오너 부부가 여행에서 만난 기억의 단편을 모아 만들었다고. 군마 현의 tonbi coffee에 커피 로스팅을 의뢰한 프렌치 로스트의 오리지널 블렌드를 풍부히 사용했다. 1초에 약 1방울씩 떨어지는 속도로 추출하는 아이스커피도 호평을 얻고 있다. 카페라테 등 테이크아웃 메뉴도 있다.

Map P129-Area2
Add 宜野湾市大謝名2-1-15
Tel 098-897-1846
Homepage mahoucoffee.jimdo.com
Open 10:00~18:00, 월요일 휴무

1 달마다 바뀌는 수제 케이크. 사진은 카푸치노 레어 치즈 케이크 カプチーレア チーズケーキ 429엔
2 세련된 아메리칸 가구를 배치했다
3 정원에는 선인장이 있다. 비일상적인 기분을 즐기자
4 각 방에는 책장이 있다
5 커피에 토스트, 베이컨에그가 나오는 마호 모닝구 魔法モーニング 476엔

03 맛있는 것이 가득한 미나토가와 외국인 주택 지역

멋진 공간과 맛있는 음식을 만날 수 있는 우라소에시浦添市 미나토가와 湊川의 외국인 주택 지역.
천천히 산책하면서 마음에 드는 가게를 발견하는 재미도 있다.

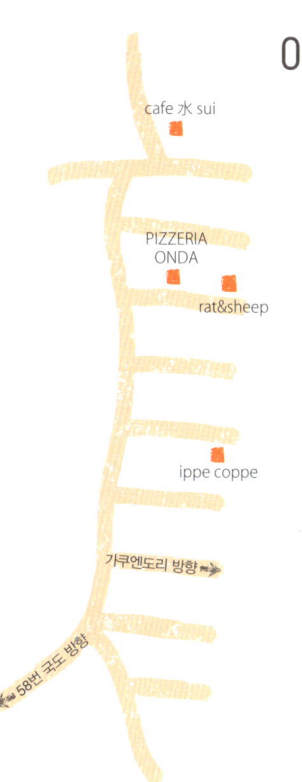

1

이페 코페
ippe coppe

재료 선정에 철저하며 항상 빨리 품절되는 쫀득쫀득한 식빵

매일 먹어도 질리지 않는 밥과 같은 빵을 목표로 하는 니시무라 씨는 오로지 식빵의 연구를 거듭해 왔다. 밀가루는 포스트 하비스트를 사용하지 않은 홋카이도산의 하루유타카 블렌드를, 물은 미네랄 성분이 많이 함유되어 반죽에 적당한 탄력이 생긴다는 이유에서 오기미손의 지하 천연수를 사용하는 등 식재료 선정에 철저하다. 토스트로 만들

어도 안의 쫄깃한 식감을 맛볼 수 있는 빵은 매일 아침 식탁을 행복한 기분으로 채워줄 것이다. 개수가 한정되어 있기 때문에 빨리 방문해야 한다.

Map P129-Area3
Add 浦添市港川2-16-1
Tel 098-877-6189
Homepage www.ippe-coppe.com
Open 12:30~18:30(품절되는 대로 영업 종료), 화요일 및 수요일, 셋째 주 월요일 휴무

1 스콘은 이에 섬의 밀가루와 오키나와산 벌꿀을 사용한 것 등 10종류 가까이 준비되어 있다. 겉은 바삭바삭, 속은 촉촉한 식감을 즐길 수 있다
2 가게는 올해로 7년째. 과자 담당인 부인 미카코 씨가 만드는 스콘과 시폰 케이크도 인기 많다
3 정원에서는 '찻집 니와토리花茶ニワトリ'도 운영하고 있다
4 민트색 문이 귀여운 가게

피제리아 온다
PIZZERIA ONDA

오키나와에서 맛보는 나폴리 전통의 맛

도쿄에서 14년간 기술을 닦은 오너가 2012년 11월에 오픈한 나폴리 피자 전문점이다. 가마에 직접 굽는 화덕피자로, 주문마다 정성스럽게 구워내고 있다. 짧은 시간에 단숨에 구워낸 피자는 안은 쫀득, 겉은 바삭. 본고장인 나폴리에서 재료를 가져오는 등 피자에 대한 고집은 끝이 없다.

Map P129-Area3
Add 浦添市港川2-13-7
Tel 098-943-2960
Open 11:30~14:30(14:00 LO), 18:00~23:00(22:00 LO), 수요일 휴무

1 오픈 키친으로 되어 있어 피자를 굽는 모습을 카운터 너머로 볼 수 있다
2 가게 이름인 '온다'는 이탈리아어로 '파도'를 뜻한다
3 마르게리타 マルゲリータ(1,200엔)와 나마하무노 모리아와세 生ハムの盛り合わせ(1,380엔)

1

2

3

카페 스이
cafe 水 sui

영양의 균형을 고려한 헬시 런치

시마야사이를 풍부하게 담은 런치 플레이트가 인기 있다. 플레이트에 담긴 차킨즈시 茶巾寿司, 나스노 미소덴가쿠 なすの味噌田楽 등 10가지 가까운 음식은 모두 간이 부드러우며 영양의 균형을 고려한 것들이다. "기분 전환을 하고 싶을 때 한숨 쉬어갈 수 있는 곳이었으면 좋겠다"는 점주 도이 씨. 오키나와 작가의 물건을 판매하는 코너도 꼭 체크하자.

Map P129-Area3
Add 浦添市港川2-9-9
Tel 098-877-2312
Homepage sui.ti-da.net
Open 12:00~17:00, 부정기 휴무(홈페이지에서 확인)

1 여성 혼자서도 들어가기 쉬운 가게를 만들기 위해 신경 쓰고 있다고 한다
2 오키나와의 작가가 직접 만든 목공 가구도 눈길을 끈다
3 한 달에 2번 메뉴가 바뀌는 계절 플레이트 季節のプレート 953엔

래트&십
rat&sheep

산양 고기 햄버그가 호평 받고 있는 카페

오키나와에서 경사나 행사에 나오는 산양 고기를 양식풍으로 변형한 것이 이 가게의 명물인 핀자 햄버그ピンサハンバーグ이다. 고기의 잡냄새가 없어서 먹기 쉬우며, 여성들에게도 인기 있다. "입문편으로 도전해 주셨으면 해요."라는 점주 타이라 씨. 오키나와 특유의 식문화를 꼭 맛보시길.

Map P129-Area3
Add 浦添市港川2-13-9
Tel 098-963-6488
Homepage ratandsheep.ti-da.net
Open 17:00~24:00, 일요일 및 공휴일인 월요일 휴무

1 오픈 키친이기 때문에 카운터 너머로 대화를 나눌 수 있는 것도 이 가게의 매력이다
2 가게의 이름에서 따온 인기 스위츠 히츠지 파르페ひつじパフェ 500엔
3 산양과 돼지고기 민치에 양파를 많이 넣어 단맛을 끌어낸 핀자 햄버그ピンサハンバーグ 850엔

04 발견해내고 싶은 물건이 가득한 오야마 인테리어 거리

앤티크, 빈티지 등 오래된 잡화와 가구들을 풍부하게 갖추고 있는 가게가 오야마大山의 58번 국도를 따라 이어져 있다.
인테리어에 관심이 많다면 반드시 들러야 할 곳이다.

펄
PEARL

우아한 앤티크 가구로 방의 분위기 대변신

천장에 늘어지듯 매달려 있는 샹들리에, 중후한 느낌의 선반과 테이블이 늘어서 있는 가게 안은 당시의 고귀한 집을 재현해 놓은 듯 고상하다. 오너가 직접 미국으로 가서 사온 1930~40년대 상품을 중심으로 견고하게 만들어진 앤티크 가구를 취급하고 있다. 스태프 말에 의하면 옛날 가구는 질이 좋은 목재를 사용했기 때문에 튼튼하다고 한

다. 앤티크 가구는 왠지 상태가 좋지 않을 것 같지만 모두 자사 공장에서 수리를 완료한 것이기 때문에 안심할 수 있다.

Map P129-Area2
Add 宜野湾市大山4-2-6
Tel 098-890-7551
Homepage pearlgraffity.ti-da.net
Open 11:00～19:00

1 가게 내부의 디스플레이는 인테리어의 힌트가 되기도 한다
2 1899년 빅토리아조 시대의 상품. sugar basket 12,400엔
3 가구, 조명, 식기나 소품류까지 앤티크 상품이 비좁게 나열되어 있는 모습은 압권이다
4 58번 국도를 따라 두 개의 점포가 있다
5 1960년제 candy dish 5,500엔
6 1960년제 lipstick holder 2,400엔

1

시카고 앤티크
CHICAGO
ANTIQUES

1만 점에 가까운 상품이 진열되어 있는 대형 앤티크 숍

아메리칸 잡화를 좋아하는 사람들 사이에 성지라고 알려져 있는 후텐마 앤티크 몰이 58번 국도변으로 이전했다. 1층에는 수집하는 사람이 많은 파이어 킹이나 파이렉스 등의 식기류가 가득하다. 2층은 가구와 조명 기구 같은 대형 크기의 상품이 있어 수집가들의 기대를 저버리지 않는다.

Map P129-Area2
Add 宜野湾市真志喜1-1-1
Tel 098-898-8100
Homepage happycargo55.ti-da.net
Open 4월~12월 11:00~19:00, 1월~3월 11:00~18:00, 목요일 휴무

1 공들인 디자인의 냄비받침
2 마치 백화점과 같은 상품 진열
3 주차장은 뒤편에 있다
4 희소 아이템인 파이어 킹의 피치 래스터 킨바리 머그컵 3,500엔
5 앤티크 프리미티브 바탓쿠스 바스켓 40,000엔

아메리칸 웨이브
American Wave

일상생활에 도입한 아메리칸 스타일

1920년부터 70년대에 유행한 미국의 빈티지 웨어를 중심으로 판매하고 있다. 미국 출신인 데이비드 씨가 사들인 레어 아이템이 많다. 목제 가방이나 배색이 개성적인 드레스 등 참신한 아이템에 눈을 빼앗길 정도이다.

Map P129-Area3
Add 浦添市港川2-16-9 No.22
Tel 098-988-3649
Homepage www.americanwave.jp
Open 12:00~20:00

1 나비나 꽃을 모티브로 한 브로치
2 키치하면서 귀여운 잡화들
3 목제 핸드백 8,000엔. 표면에는 옛날의 거리 풍경이 프린트 되어 있다
4 스카라베 팔찌 5,000엔

플라밍고

Flamingo

Map P129–Area2
Add 宜野湾市大山 5-19-5
Tel 098-898-8327
Homepage flamingo58okinawa.com
Open 12:30~19:30, 화요일 및 매월 마지막 일요일 휴무(매입 기간 휴무)

수집가도 감탄할 만한 레어 상품들이 합리적인 가격으로

1940년대 이후의 아메리칸 잡화를 취급하는 이곳은 올해로 창업한 지 34년이 되었다. 잡화나 천 외에 머그컵과 접시 등도 갖추고 있다. 희소성 있는 아이템도 저렴한 가격으로 판매하고 있다. 점주 시마다 씨는 "최근 복고적인 캐릭터가 그려진 시트가 인기입니다. 가방 같은 곳에 리메이크하는 것 같아요."라고 말한다.

1 보물 같은 아이템이 잔뜩 있다
2 미국에서 사들인 상태가 좋은 상품을 저렴한 가격에 판매하고 있다
3 여성 점주이기에 수집 가능한 식기들이 많다
4 파이어 킹의 머그컵 5,800엔
5 인기 있는 제니 앤트 시리즈 머그컵 4,800엔

오키나와의 그릇 ~ 도공의 마을 요미탄손을 방문하다

도자기의 마을 요미탄손을 찾았다면 발길을 옮겨야 하는 곳이 바로 갤러리를 겸한 도예공방이다.
만드는 사람과의 만남을 즐기면서 마음에 드는 그릇도 찾아보자.

손잡이가 달린 작은 밀크 피처는 인기 상품

그릇 애호가들이 줄지어 찾는 도자기의 산지, 야치문노사토 やちむんの里

40여 년 전, 나하 시 츠보야에서 도자기를 만들던 일부 도예가가 요미탄손으로 옮겨와 공방을 차렸다. 녹색 가득한 땅에 네 명의 도공이 '요미탄손 가마'를 개요 開窯 했다. 1992년에는 젊은 도공에 의해 오키나와현 내 최대인 13연방의 오름 가마(경사진 지형을 이용해 가마를 밑에서부터 여러 개 연결시킨 모양) '요미탄잔야키 기타가마 読谷山焼北窯'가 개요되었다. 야치문노사토에는 현재노 네 개의 기미가 느긋하지만 힘있게 오키나와의 도자기를 만들어 내고 있다. 한가로운 분위기에 둘러싸인 마을 내에는 15개의 공방이 있으며, 마을의 이곳저곳에는 가게나 카페도 있다. 가게도 사람도 어딘가 느긋한 분위기. 그런 완만한 시간이 흘러가는 장소에서 귀여운 도자기와 만나게 된다. 물레를 향해 도자기를 만드는 모습, 그릇을 옮기는 젊은 장인들. 물건이 탄생하는 순간을 틈으로 슬쩍 엿보는 것도 매력 중 하나이다. 매년 12월에는 '요미탄잔야키 도자기 시장 読谷山焼陶器市'이 개최된다. 적당한 가격으로 도자기를 손에 넣을 수 있으니 꼭 들러 보자.

작은 빨간 기와집 안은 시마부쿠로 씨의 그릇으로 가득 차 있다

**갤러리
우츠와야**

ギャラリー
うつわ家

오키나와스러움을 식탁에 재현하다

1987년 요미탄손으로 공방을 이전하고 츠보야야키의 기술과 전통을 지키면서도 항상 새로운 모양과 무늬의 그릇을 탄생시키고 있는 도예가 시마부쿠로 츠네히데 씨의 작품을 전시 및 판매하고 있는 갤러리숍이다. 일상에서 사용하기 쉬운 그릇을 갖추고 있다. 인기 있는 상품은 점포 앞에 진열해 두면 바로 품절되기 때문에 상품 진열이 풍부해지는 매년 3월, 6월, 9월, 12월을 노리는 것이 좋다. 인접한 공방에서는 시마부쿠로 씨의 작업 모습을 슬쩍 볼 수 있으니 꼭 엿보도록 하자.

Map P129-Area1
Add 読谷村座喜味2748(야치문노사토 내)
Tel 090-1179-8260
Homepage tunehidekobou.ti-da.net
Open 09:00~18:00, 일요일 10:00~18:00, 부정기 휴무

1 우유 피처 각 800엔
2, 3 큰 접시부터 종지, 시사 등 다양한 종류와 모양의 도기들
4 물방울무늬가 들어간 작은 크기의 시사 5,000엔
5 종지 각 600엔

도기공방 이치
陶器工房 壹

흰 바탕과 파란 그림이 산뜻한 오키나와 풍경을 떠올리게 하는 도기

대학에서 배운 왕조시대의 수공에 매료되었다는 도예가 이키 코지 씨. 교토에서 오키나와로 이주해서 도예를 배우고 공방을 차린 지 20년째라고 한다. 5년 전에 자택 겸 공방과 갤러리를 오픈했다. 이키 씨의 대표작이라고 하면, 흰 바탕에 파란 무늬가 그려진 오키나와의 다양한 풍경을 떠올리게 하는 자기 시리즈. 오키나와 전통 기법을 바탕으로 한 배색과 디자인이 식탁을 산뜻하게 만들어 줄 것 같다.

Map P129-Area1
Add 読谷村長浜925-2
Tel 098-958-1612
Open 09:00~18:00, 일요일 휴무, 부정기 휴무

1 '후이가키'라는 기법으로 만든 그릇 3,000엔. 17세기 나하 시의 와쿠타가마로 성했던 잡기의 기법으로, 요 몇 년 간 이키 씨가 힘을 쏟고 있는 시리즈이다
2 평소 사용하기 좋은 다양한 도기가 가득하다
3 남빛 무늬가 들어간 그릇 2,800엔
4 전망이 좋은 창문은 채광도 좋아 가게 안이 무척 밝다
5 일상용 그릇뿐만 아니라 개인전용으로 제작된 이키 씨의 아티스틱한 작품도 전시되어 있다

요미탄손과 카데나초의 수공예

나하에서 조금 떨어진 요미탄손読谷村과 카데나초嘉手納町는 수공예에 관련된 사람들이 많이 사는 지역이다. 작은 가게를 돌다 보면 오키나와의 새로운 표정을 만날 수 있다.

1 옛날, 어느 일상에 틀림없이 있었을 물건들
2 유리창 건너로 슬쩍 보이는 분위기는 지나가는 사람을 끌어당긴다
3 낡은 자재와 유리로 만든 쇼케이스

인디고
Indigo

사용하면 사용할수록 더욱 빛나는 것

가게 안에는 오래된 도구와 가구 장인인 점주가 제작한 가구들이 진열되어 있다. 강한 햇볕과 해풍을 맞은 느낌 있는 오키나와의 오래된 목재들. 가구를 제작할 때는 그 느낌을 해치지 않도록 신경 쓰고 있다고 한다. 손님과의 대화 속에서 보이는 물건을 대하는 마음이나, 한 사람 한 사람에게 맞는 제안을 해 주는 이 가게에 애착을 느끼는 사람이 많다.

Map P129-Area1
Add 読谷村楚辺1119-3
Tel 098-894-3383
Homepage indigo-f.com
Open 12:00~17:00, 토요일~일요일 및 공휴일 12:00~18:00. 화요일~목요일 휴무(임시 휴업 있음)

로타
LOTTA

요미탄손의 생활과 가까운 도기와 유리그릇, 목공품

작가가 많이 살고 있는 요미탄손에서 오키나와의 생활에 관련된 그릇과 아이들의 물건을 중심으로 전시 판매하고 있는 곳이다. 요미탄의 공방에서 독립한 젊은 작가나 기술 연마 후 다른 지역에서 활약하는 작가의 그릇도 갖추고 있다. 가게의 안쪽에는 오키나와 식재료를 사용한 멕시칸 카페가 있으며, 요미탄의 잠두콩을 사용한 멕시코풍 닭고기 구이 メキシコ風鶏肉の包み焼き 등을 맛볼 수 있다.

Map P129-Area1
Add 読谷村都屋272-6
Tel 098-956-2818
Homepage lottablog.ti-da.net
Open 10:00～18:00, 월요일 및 화요일 휴무

1 요미탄손에서 수행을 한 노모토 슈 씨가 만든 그릇은 그림이 평온하다
2 전시와 카페 공간은 구분되어 있어 전시품을 천천히 구경할 수 있다
3 어린 시절부터 그림 그리는 것을 좋아했다는 점주의 취향이 가게에도 나타나 있다

마키노코 제작소
マキノコ製作所

오키나와에서 사랑받는 신발에 새로운 가치를

오키나와에서는 비치 샌들을 '시마 조리 島ぞうり'라고 부르며, 바다에 갈 때뿐만 아니라 일상생활에서도 신는다. 사이토 마키 씨는 이런 일용품에 그림을 넣어 새로운 가치를 부여했다. 일상생활에서 사용할 수 있어 기쁘다는 사이토 마키 씨는 그리고 싶은 것이 계속해서 떠오른다고 한다. 신었을 때의 느낌도 아주 편하다.

Map P129-Area1
Add 読谷村古堅200
Tel 098-956-3963
Homepage makinoko.net
Open 12:00~18:00, 토요일~일요일 10:00~18:00, 월요일~화요일 휴무(임시 휴업 있음)

1 이름을 새길 수 있는 점은 남녀노소를 불문하고 호평을 받고 있다
2 음각으로 그림을 넣은 시마 조리 3,000엔부터. '초콧토 디자인 시리즈'는 1,500엔. 무늬, 색, 사이즈도 다양하다
3 점포는 외국인 주택이 줄 지어 있는 지역에 있다

핸드메이드 코스메 프로모 팩토리&숍

ハンドメイド コスメ FROMO FACTORY&SHOP

오키나와의 색과 향, 힘을 온몸으로 느낄 수 있는 화장품

점주인 이시와타리 미치요 씨는 오키나와의 자연에게 크나큰 에너지를 받음으로써 불안정한 시기를 구원받은 경험이 계기가 되어 비누를 만들기 시작했다고 한다. "일본 선역에서 오키나와만큼 지연에 축복받은 지역은 없어요." 그 색과 향, 그리고 힘은 마음과 피부를 튼튼하고 건강하게 만들어 준다.

Map P129-Area1
Add 嘉手納町水釜476
Tel 098-956-2324
Homepage www.fromo.jp
Open 13:00~18:30, 일요일 13:00~18:00, 월요일~수요일 휴무(연휴 임시 휴업 있음)

1 자색고구마에서 추출한 색으로 천일염을 물들이고, 건조시킨 히비스커스를 넣은 배스 솔트 460엔
2 오키나와의 재료로 만든 비누와 화장품이 진열되어 있다
3 자연의 리듬을 느낄 수 있는 조용한 장소에 위치해 있다

남부

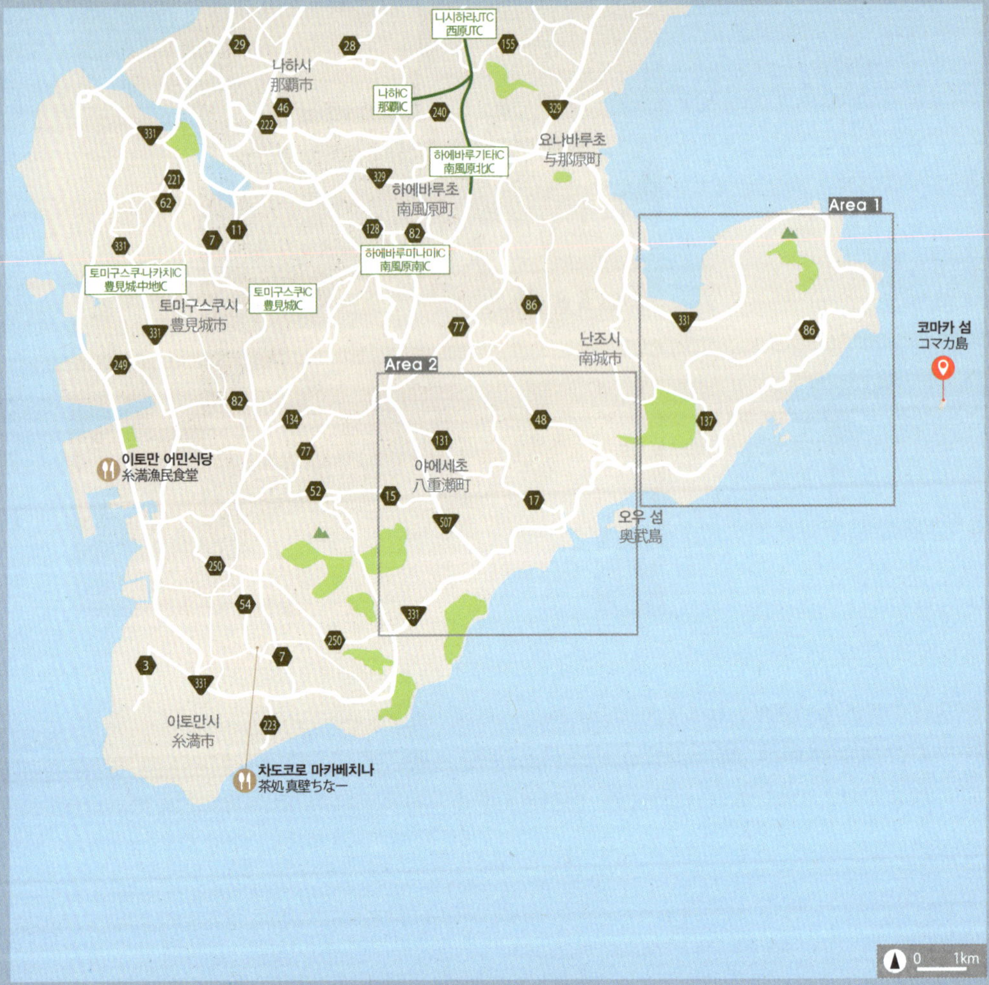
니시하라JTC
西原JTC
나하시
那覇市
나하IC
那覇IC
하에바루기타IC
南風原北IC
요나바루초
与那原町
하에바루초
南風原町
하에바루미나미IC
南風原南IC
토미구스쿠나카치IC
豊見城中地IC
토미구스쿠IC
豊見城IC
토미구스쿠시
豊見城市
Area 1
Area 2
난조시
南城市
코마카 섬
コマカ島
이토만 어민식당
糸満漁民食堂
야에세초
八重瀬町
오우 섬
奥武島
이토만시
糸満市
차도코로 마카베치나
茶処 真壁ちなー
0 1km

나간누 섬

오키나와 본섬
沖縄本島
나간누 섬
ナガンヌ島
쿠메 섬
久米島
나하공항
那覇空港
0 20km

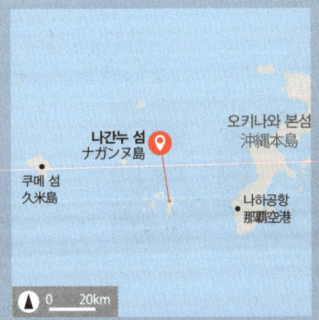

Area 1 난조

Area 2 야에세

바다와 고택, 원풍경이 숨 쉬는
남부 南部

눈앞에 펼쳐지는 푸른 바다와 하늘을 바라보며 구릉지의 계속되는 구불구불한 길을 느긋하게 달려 보자.
세계유산인 세화우타키斎場御嶽나 카키노하나히자자垣花樋川, 성(구스쿠)터 등의 파워스폿을 돌아보고, 바다를 따라 혹은 언덕 위에 흩어져 있는 절경 카페에서 조용한 풍경을 마음껏 즐기는 사치스러운 시간.
류큐 창세 신화에 관련된 성지가 점재해 있는 남부 지역은 다른 곳에서는 느낄 수 없는 분위기를 가진 신비스러운 장소이다.
해수욕을 즐기는 사람들로 붐비는 인기 해변에 도자나 염색 공방과 잡화점, 오키나와 소바 가게 등 오키나와다움을 만끽할 수 있는 추천 코스를 소개한다.

01 바다를 바라보며 보내는 특별한 순간

시시각각 변하는 바다의 풍경을 바라보며 시간을 유유히 보내고 싶을 때 이곳을 찾아보자.

1

2

아시안 허브 레스토랑 카페 쿠루쿠마

アジアン・ハーブレストラン カフェくるくま

Map P165-Area1
Add 南城市知念知念 1190
Tel 098-949-1189
Homepage www.nakazen.co.jp/cafe/
Open 10월~3월 10:00~19:00, 4월~9월 10:00~20:00(화요일만 10:00~18:00)

새가 된 기분으로 절경을 즐기는 아시안 허브 요리 가게

'진수성찬은 바로 이 풍경'이라고 이야기하는 스태프의 말대로 감동적인 로케이션이 매력이다. 언덕 위에 서 있는 가게에서는 반짝반짝 빛나는 바다가 눈앞에 펼쳐진다. 비프 등 세 종류의 카레가 세트인 쿠루쿠마 스페셜(1,500엔)이나 카오팟가이, 허브 가든 샐러드 등 태국인 셰프가 만드는 본격 태국 요리, 자사농원에서 재배된 신선한 무농약 허브를 풍부하게 사용한 볼륨 만점의 요리도 호평이다. 말을 잃을 정도의 절경과 아시안 허브 요리를 함께 즐겨 보자.

1 우드 데크의 테라스석을 추천. 날씨가 좋은 날에 방문하면 멋진 절경이 펼쳐지는 카페이다.
2 코코넛 밀크와 달콤하게 녹는 호박 디저트인 유메미루카보차夢見るカボチャ와 색감이 예쁜 히비스커스 티 세트(700엔), 코코넛 풍미 쿠루쿠마 젠자이ココナッツ風味のくるくまぜんざい(400엔)도 추천

1

하마베노 차야
浜辺の茶屋

파도가 부딪쳐 오는 모래사장 위에서 바다 내음을 맡을 수 있는 찻집

활짝 열어젖힌 창문의 아래는 파도가 부딪쳐 오는 모래사장이다. 밀물이 지면 파란 바다와 발밑에서 들려오는 파도 소리가 기분 좋은 순간을 선사해 준다. 자연의 리듬을 느낄 수 있는 바다 위의 특등석인 셈이다. 메뉴는 오키나와 난조시의 재료를 사용한 자가제 피자나 해수 드레싱의 우미부도 샐러드 등 간단한 식사와 스위츠, 오키나와산 허브티나 오리지널 숯불로 로스팅한 커피, 과일 주스 등이 준비되어 있다. 인기 가게이기 때문에 점심은 붐빌지도 모르므로 아침 혹은 저녁의 조용한 시간을 골라 찾아가 보길 바란다.

Map P165-Area1
Add 南城市玉城玉城2-1
Tel 098-948-2073
Homepage www.hamabenochaya.com
Open 10:00~20:00(19:30 LO), 월요일 14:00~20:00

1 만조 때가 예쁘기 때문에 시간을 잘 맞춰서 방문해 보자
2 치즈와 참치, 야채 등 재료가 듬뿍 들어간 핫 샌드위치와 오키나와 과일 효소 주스, 샐러드를 추가한 브런치 세트는 1,000엔

2

02 느긋하게 즐기는 남부 드라이브

눈앞에 펼쳐지는 바다와 하늘을 바라보며 절경의 국도를 달려 보자.
느긋하게 돌아볼 수 있는 남부 지역의 추천 장소로 안내한다.

나카모토 선어점 (나카모토 텐푸라점)
中本鮮魚店(中本てんぷら店)

오우 섬의 명물 튀김을 산 후 해변에서 즐기는 간식 타임

다리만 건너면 갈 수 있는 작은 섬인 오우 섬奧武島에 있는 인기 튀김 전문점이다. 오키나와의 튀김은 프리터와 같은 튀김옷이 두껍고 짭짤하며 간식으로 안성맞춤인 먹거리이다. 오우 섬에서 자란 모즈쿠(큰실말) 등을 사용한 튀김은 갓 튀겨서 따끈따끈하고 싸고 맛있다는 평이 많다.

Map P165-Area2
Add 南城市玉城奧武9
Tel 098-948-3583
Homepage nakamotosengyoten.com
Open 10:00~18:30, 11월~3월 10:00~18:00

1 갓 만들어진 튀김을 찾아온 손님들이 항상 행렬을 이루고 있다
2 오우 섬은 주위 약 1.7km의 작은 섬이다
3 인기 있는 것은 생선, 모즈쿠, 오징어 튀김으로 각 65엔
4 튀김 외에 비엔나, 모치포테토, 아게빵도 있다

사치바루마야
さちばるまやー

여행 도중에 만난 세계 각지의 크래프트 아이템

디자이너이기도 한 점주가 포르투갈, 에스토니아, 인도 등 세계 각지에서 만난 수공예 장인들의 오리지널 옷과 신발, 잡화를 진열해 놓았다. 타이의 장인이 만든 마 100%의 퀼로트 스커트에 면 원피스 등 이곳에서밖에 볼 수 없는 물건들이 가득하다.

Map P165-Area1
Add 南城市玉城玉城31-1
Tel 098-948-3230
Homepage www.sachibarumaya.com
Open 월요일~화요일 11:00~18:00, 금요일~일요일 11:00~18:00, 목요일 휴무

1 커다란 가주마루 나무가 사치바루마야의 표식이다
2 신발 외에 옷이나 잡화 등 개성적인 상품이 진열되어 있다

카키노하나히자
垣花樋川

일본의 명수백선에 선정된 용수와 숲으로 둘러싸인 힐링 스폿

오키나와에서 유일하게 일본의 환경부가 선정한 명수백선 名水百選에 이름을 올린 것이 바로 이곳 카키노하나히자. 납작하게 돌을 깐 경사진 비탈길을 내려가면 시야의 저편에 하늘과 바다가 넓게 펼쳐진다. 숲 속 깊은 곳부터 흘러나오는 용수가 몇 가닥의 물줄기를 만들어 작은 연못에 떨어지고 있다. 바람과 흐르는 물의 소리가 더욱 시원하게 만들어주는 이곳은 도시락을 가지고 방문하고 싶은 치유의 공간이다.

Map P165-Area1
Add 南城市玉城垣花
Tel 098-948-4611(난조시 관광협회)

1 깊은 숲 속에서 흘러나오는 차가운 물이 여러 물줄기를 만들고 있다
2 가장 아래에 있는 연못은 여름철 아이들의 물놀이 장소가 된다. 하류에는 크레송 밭이 펼쳐져 있다

동쪽 바다 위로는 신의 섬인 쿠다카 섬久高島, 정면으로는 무인도인 코마카 섬그マカ島이 보이는 절경 포인트

니라이 다리
카나이 다리
ニライ橋
カナイ橋

절경의 바다 위를 날듯 달리는 상쾌한 드라이브

니라이 다리와 카나이 다리 두 개를 합쳐 니라이카나이 다리라고 부른다. 약 80m의 고저차를 연결한 전체 길이 약 1200m의 연결 다리로 바다를 향해 날아가듯 드라이브를 즐길 수 있는 인기 장소이다. 다리의 위쪽에 있는 전망대에서는 녹색의 언덕에 걸쳐져 있는 다리와 파란 하늘, 그리고 바다의 상쾌한 풍경을 즐길 수 있다.

Map P165-Area1
Add 南城市知念
Tel 098-948-4611(난조시 관광협회)

세화우타키

斎場御嶽

Map P165-Area1
Add 南城市知念久手堅
Tel 098-949-1899
Open 09:00~18:00(마지막 입장 17:30)
Fee 어른 200엔

류큐왕국 최고의 성지

류큐 개벽 신화의 신인 '아마미키요'에 의해 만들어졌다고 하는 7개의 우타키(오키나와의 성지) 중 하나로, 류큐왕국 최고의 성지로 여겨지고 있다. 현재도 많은 사람들이 참배하기 위해 방문하는 신성한 장소이다. 세화우타키의 상징인 산구이三庫理는 비쳐 들어오는 햇빛이 성스러움을 감돌게 하고, 그 존재감으로 압도당하는 기분이 든다.

1 산구이의 안쪽에 있는 쿠다카 섬 요배소에서는 신의 섬인 쿠다카 섬이 보인다
2 세계문화유산에도 등록된 세화우타키의 상징 산구이

03 아카가와라 음식점과 오키나와 식재료 카페

현지의 인기 음식인 오키나와 소바와 안심할 수 있는 섬의 식재료를 사용한 맛있는 요리. 마음이 온화해지는 아카가와라赤瓦(빨간 기와) 민가와 녹색으로 둘러싸인 공간에서 한 끼의 식사를 즐겨 보자.

1

차도코로 마카베치나
茶処 真壁ちなー

지은 지 120년 된 고택에서 먹는 산뜻한 맛의 오키나와 소바

15년 전, 카네시로 마사코 씨는 증조부가 살던 집을 소중히 지켜나가고자 고택을 개조하여 딸과 함께 소바집을 오픈하였다. 지금은 정겹고 차분하면서도 담백하고 질리지 않는 맛의 오키나와 소바로 현지인과 관광객 모두에게 사랑받는 인기 가게가 되었다. 건물뿐만 아니라 가게를 꾸려 나가는 카네시로 집안만이 자아낼 수 있는 따뜻한 분위기에 마음까지 따사로워진다.

Map P164
Add 糸満市真壁223
Tel 098-997-3207
Homepage makabechina.ti-da.net
Open 11:00～16:00, 수요일 휴무, 부정기 휴무

1 야채가 듬뿍 들어가 여성에게 인기 있는 야채 소바野菜そば 720엔(중)
2 낡은 격자창으로 따뜻한 빛이 들어오는 가게의 내부는 넓고 개방감이 있는 분위기. 다다미 위에서 느긋하게 쉴 수 있다
3 오키나와다운 빨간 기와의 지붕이 간판 역할을 한다

1

오키나와 소바와 차도코로 야기야
沖縄そばと茶処 屋宜家

유형문화재인 빨간 기와집을 계속해서 지켜나기는 오키나와의 원풍경

빨간 기와지붕의 집이 한적하게 자리 잡고 있는 모습은 그야말로 오키나와의 원풍경이다. 유형문화재에 지정된 이 저택은 오너인 야기 토시오 씨가 소년 시절을 보낸 장소이기도 하다. 향수 어린 이 공간에서 먹을 수 있는 것은 자연 식재료를 사용한, 몇 그릇이라도 먹을 수 있을 것 같은 담백하면서도 깊은 맛이 있는 오키나와 소바. 시간이 지날수록 깊이를 더해가는 공간에서 느긋한 시간을 보낼 수 있다.

Map P165-Area2
Add 八重瀬町大頓1172
Tel 098-998-2774
Homepage www.ne.jp/asahi/to/yagiya
Open 11:00~16:00(15:45 LO), 화요일 휴무(공휴일인 경우 영업)

1 인기 메뉴는 아사(파래) 소바アーサそば 940엔. 기타나카구스쿠손의 생파래를 듬뿍 사용했다
2 디저트로 추천하고 싶은 것은 코쿠토(흑설탕) 젠자이黒糖ぜんざい. 하프 사이즈는 200엔이다
3 오키나와다운 빨간 기와지붕이 있는 풍경
4 부드러운 바람이 통과하는 가게 안

카페 빈스
Café Bean's

직접 키운 야채와 맛있는 꽃, 웃음이 넘치는 숲 속 카페

사이좋은 세 자매가 운영하는 커다란 가주마루 나무 아래의 작은 카페. 식재료로는 부모님이 키운 사탕수수나 야채를 사용하고, 정원에서 딴 허브나 식용꽃이 가게와 요리에 색을 더한다. 커다란 창문과 심플하면서 기분 좋은 공간을 포함해 거의 모든 것을 직접 생각하고 만든 것이라고 한다. 분위기에 취해 수다 삼매경이 되어 시간 가는 줄도 모를 것 같다.

Map P165-Area1
Add 南城市玉城百名986-2
Tel 090-7585-8867
Open 11:00~17:30, 수요일 14:00~17:30, 월요일 및 첫째 주, 셋째 주 일요일 휴무(임시 휴업 있음)

1 후치바(쑥) 크림 파스타 フーチバークリームパスタ 700엔. 바질과 같이 향이 진하고 산뜻해 맛있다
2 초록으로 둘러싸인 점포
3 꽃과 허브로 장식된 점내
4 식용꽃을 곁들인 코쿠토(흑설탕) 베이크드 치즈케이크 黒糖ベイクドチーズケーキ 300엔(드링크 세트는 600엔)

비 내추럴
BE NATURAL

오키나와 식재료를 사용한 카페 스타일의 캐주얼한 본격 코스 요리

매년 1개월 정도 이탈리아를 중심으로 연수를 간다고 하는 오너 히나타 노리히코 씨가 이탈리안, 프렌치를 믹스한 창작요리를 '본격적인 코스를 평소에도 먹을 수 있도록' 제공하는 곳이다. 현지의 식재료를 듬뿍 사용하였으며, 중개인 자격을 가진 오너가 직접 현지 시장에서 음미하여 낙찰해 오는 생선을 중심으로 한 오마카세 런치おまかせランチ (1,500엔)가 호평을 얻고 있다. 디너는 고기 요리를 추가한 두 종류의 코스 중 선택할 수 있다.

Map P165-Area1
Add 南城市佐敷佐敷 488
Tel 098-947-6203
Homepage benatural.sunnyday.jp
Open 11:30~21:30, 화요일 및 수요일 휴무

1 가게 이름대로 초록이 넘치는 자연 속에 있는 듯하다
2 커다란 창문이 있어 채광이 밝은 가게 안. 센스가 돋보이는 오래된 도구나 잡화를 판매하기도 한다
3 오마카세 런치 코스의 디저트인 말차 티라미수와 밀크 젤라토抹茶のティラミスとミルクジェラート

04 현지 작가의 갤러리 숍 투어

도자기, 염직, 목공 등 난조시를 중심으로 한 지역은 '모노즈쿠리(물건 만들기라는 뜻으로, 특히 장인 정신으로 최고의 제품을 만드는 것을 의미한다)'가 번성한 곳이다.
작가와의 교류가 기대되는 주목할 만한 갤러리 숍을 방문해 보았다.

요코이 씨의 대표작인 '꿈 시리즈 夢シリーズ'

아틀리에+숍 코코코

atelier+shop COCOCO

현지 작가의 작품이 풍부한, 공간으로도 치유받는 갤러리

점주이면서 도예가인 요코이 마사시 씨의 작품을 중심으로 빈가타(紅型), 방직, 유리 액세서리 등 오키나와 작가의 작품을 취급하는 갤러리 숍이다. 문을 열면 맨 먼저 만나는 것은 기분 좋은 잔디 정원. 공방이 함께 있기 때문에 작업 현장도 견학할 수 있다. 예약하면 도에 체험도 할 수 있으며 2014년 1월부터는 카페 영업도 시작했다. 만드는 사람과 사용하는 사람의 연결을 풍부하게 연출해 주는 곳이다.

Map P165-Area2
Add 南城市玉城當山124
Tel 090-8298-4901
Homepage www.cococo-shop.com
Open 11:00~17:00, 화요일 및 수요일 휴무, 부정기 휴무 있음(카페 영업은 목·금·토요일만)

1 오너이자 도예가인 요코이 마사시 씨
2 입구 문을 열면 깜짝 놀랄 일이 기다리고 있다
3 거칠거칠한 촉감과 미묘한 색감이 특징인 접시 2,000엔부터
4 마치 나사로 고정시킨 듯한 컵 3,000엔부터

1 빨간 기와지붕이 시욘의 표식이다
2 오키나와에서 부적으로 사용되는 귀여운 색감의 마스후쿠로 각 820엔
3 꽃을 모티브로 한 머리끈 각 850엔

하타오리 공방 시욘
機織工房しよん

네 명의 손으로 자아 만드는 화려한 색채의 직물

'남녀를 불문하고 폭넓은 세대가 평소에도 사용할 수 있는 직물'을 만들고 싶다는 네 명의 작가의 하타오리 공방이다. 2012년 7월에 이전한 현재의 공방은 옛날 그대로의 빨간 기와집. 공방 안에서는 오키나와 사투리와 베를 짜는 소리가 BGM처럼 흘러나오고, 제작 현장을 피부로 느낄 수 있다. 마스쿠쿠로나 수첩 커버, 산신三線(오키나와 악기의 한 종류)용 스트랩까지 사용하면 매일이 두근거릴 만한 작품들뿐이다.

Map P165-Area2
Add 八重瀬町仲座72
Tel 098-996-1770
Homepage www.shiyon.info
Open 09:00~17:00, 목요일 및 오봉, 연말연시 휴무

도방 마키야
陶房 眞喜屋

매일의 노력이 탄생시킨 일상생활에 사용하기 좋은 그릇

수작업이라고는 생각할 수 없을 정도로 단정한 모양의 그릇과 꽃꽂이 그릇 등 조형미를 추구한 물건들이 폭 넓은 세대로부터 지지받고 있다. 슈리에 있던 공방을 이전한 것은 2013년 1월. '류큐 왕조 시대에 만들어진 그릇에 있을 법한 품격을 내고 싶다'는 마키야 오사무 씨. 공방 이전을 계기로 어떤 세계가 펼쳐질지 앞으로의 전개가 기대된다. 도방 마키야에서는 다다미방에 앉아 천천히 그릇을 감상할 수 있다.

Map P165-Area1
Add 南城市佐敷屋比久447
Tel 098-947-1320
Open 09:00~19:00, 부정기 휴무

1 모던한 향이 감도는 작은 꽃병 3,000엔부터
2 하얀 바탕에 파란 유약으로 그림을 그린 시원스러운 그릇. 파인애플을 그린 도방 마키야의 오리지널 그릇도 있다
3 전통 무늬인 당초 문양을 그린 주발 5,000엔부터

1

그릇+찻집
보노호

うつわ+喫茶
ボノホ

자유로운 발상에서 태어난, 식탁의 대화를 들뜨게 하는 그릇들

어느 것 하나 같은 물건은 없는 사토 나오미치 씨의 작품. 자택의 일부를 개방한 갤러리에는 사토 월드가 펼쳐진다. 예술대학에서 조각을 전공한 사토 씨가 도예의 길로 들어온 것은 5년 전. 도예라고 하는 틀에 틀어박히지 않고, 예술과 도구의 장벽을 무너뜨린 듯한 독자적인 세계를 만들어 내고 있다. 토요일에만 영업하는 카페에서는 사토 씨의 그릇에 담긴 요리와 음료가 등장한다.

Map P165-Area1
Add 南城市佐敷手登根65
Tel 098-947-6441
Homepage makoto780801.ti-da.net
Open 수요일과 토요일에만 영업 12:00~18:00

1 작품은 매일 바뀐다. 자주 다니면서 마음에 드는 것을 발견해 보자
2 카페는 부인인 마코토 씨와 운영하고 있다
3 배, 톱 등 순간적으로 머리에 떠오르는 것을 그릇에 그려 넣는다. 배색도 독창적이다.
  플레이트 5,500엔

남부

오키나와 선물

오키나와에서만 볼 수 있는 다양한 것들을 선물로 사가는 건 어떨까.
하지만 종류가 너무 많아 무엇을 골라야 할지 망설여질지도 모른다.
오키나와의 단골 선물부터 고급스러운 선물까지, 일람표로 오키나와의 선물을 소개한다.

토트백 pokke 104   15,000엔

류큐 한푸琉球帆布와 오키나와의 인기 크리에이터 'pokke 104'의 콜라보 상품. 소박하면서 부드러운 촉감은 데일리로 사용하기에 아까울 정도다.

살 수 있는 곳
오키나와노 카제 沖縄の風
Map P49-2B
Tel 098-943-0244

릴랙스 애프터 선 젤   2,500엔
마사지 솔트(100g)   500엔

오키나와산 알로에베라 엑기스를 배합한 탄 살을 확실히 보습해 주는 젤. 쿠메지마 해양 심층수의 마사지 솔트에는 각질 케어 레시피도 포함되어 있다.

살 수 있는 곳
핸드메이드 코스메
FROMO FACTORY&SHOP(P163 참조)

류큐 왕 마트료시카   8,000엔

오키나와 마트료시카의 류큐 왕조 버전이다. 방의 인테리어에 더하면 소박하면서 귀여운 모습에 바라보고 있는 것만으로 치유받는 기분.

살 수 있는 곳
feliz
Map P129-Area2
Tel 098-879-5221

지갑(정원 무늬)   9,500엔
카드 홀더(바다 무늬)   1,500엔

오키나와의 생물과 야채, 식물이 컬러풀하게 그려진 오리지널 프린트 천으로 만든 상품들이다. 오키나와의 자연을 들고 걸으면 언제라도 남국의 기분을 맛볼 수 있을 것이다.

살 수 있는 곳
미무리 MIMURI(P71 참조)

사쿠라노모리 さくらの森
3,700엔
쇼트 글래스 ショットグラス
3,000엔

하나하나 수작업으로 만든 글래스는 차가운 음료를 따라 마시기에 딱 좋다. 시원한 모양이 여름의 카페 타임을 한층 즐겁게 만들어 줄 것 같다.

신상품 New work

살 수 있는 곳
로보츠 ROBOTZ(P68 참조)

오키나와에 반하다

개인용
Personal use

금세공 액세서리 머리끈 3,000엔
박쥐 모양 펜던트 3,800엔/둥물 2,095엔

놋쇠나 은을 가공한 금세공 액세서리. 머리끈은 목걸이로도 사용할 수 있다. 놋쇠의 어렴풋한 소리의 울림이 재미있다.

살 수 있는 곳
ci cafu
Map P47-Area1
Tel 098-886-8093

염색 밥그릇 1,800엔
고블릿 2,400엔

오키나와의 바다를 떠오르게 하는 코발트 블루색이 특징인 도자기. 밥그릇으로 사용하면 언제라도 오키나와의 분위기를 느낄 수 있다.

살 수 있는 곳
도기공방 이치 陶器工房 壹(P158 참조)

수제 비누
HIBISCUS (이에 섬의 히비스커스) 1,100엔
OCEAN (바다) 840엔

피부에 부드럽고 촉촉한 마르세유 비누를 베이스로, 미용에 좋은 오키나와 소재를 더했다. 아로마의 향이 기분 좋으며, 사용하면 피부가 건강해질 것 같다.

살 수 있는 곳
아일랜드 아로마 오키나와 IslandAroma OKINAWA
Map P165-Area1
Tel 098-948-3960

시마부타 코쿠토 니쿠미소
島ぶた黒糖肉みそ 590엔

'반쇼 시마부타 万鐘島ぶた'의 살코기로 만든 오리지널 니쿠미소. 흑설탕을 넣어 충분히 이긴 아마쿠치 미소는 따끈따끈한 밥에 잘 어울린다.

살 수 있는 곳
반쇼 모모토안 万鐘ももと庵
Tel 098-923-0725

공방 짓카쿠의 커피콩 프리컵
工房十鶴のコーヒー豆フリーカップ
1,500엔

입고되자마자 바로 완판될 정도로 인기 있는 공방 짓카쿠의 커피콩 시리즈. 팝적인 디자인에 눈을 빼앗기기 쉽지만 전통적인 도자기의 맛을 느낄 수 있는 일품이다.

살 수 있는 곳
크래프트 하우스 스프라우트
Craft house Sprout
Tel 098-863-6646

마스 스트랩 マースストラップ Ⓢ
1,500엔

류큐 하리코로 알려진 로드 워크스와 가죽 제품을 전문으로 하는 라쿠쇼의 콜라보 상품이다. 안에 마스(소금)가 들어 있으며, 액막이나 부적 대신으로 사용할 수 있다.

살 수 있는 곳
완구 로드 워크스 玩具ロードワークス
(P70 참조)

기본 아이템 Basic item

신상품
New work

설탕이 들어가지 않은
로열 스위트 파인 통조림
ロイヤルスイートパイン 569엔

오키나와의 태양을 듬뿍 받으며 자란 파인애플을 사용한 통조림으로 보존료·설탕 등을 일절 첨가하지 않았다. 8월 말부터 기간 한정 판매이다.

살 수 있는 곳
파인애플 하우스 パイナップルハウス
Tel 098-858-9000

후쿠기야의 바움쿠헨 ふくぎやのバウムクーヘン
후쿠기 フクギ Ⓢ 1,095엔/가주마루 ガジュマル Ⓢ 1,200엔/베니노키 紅の木 Ⓢ 1,295엔

달걀과 흑설탕, 베니이모 등 오키나와산 재료를 사용한 반죽을 15겹 이상 겹쳐 구운 바움쿠헨. 촉촉한 반죽과 부드러운 맛으로 호평을 얻고 있다.

살 수 있는 곳
후쿠기야 ふくぎや
Map P48-2B
Tel 098-863-8006

로이스 오키나와의
포테토칩스 초콜릿
'이시가키노 시오'
ロイズ沖縄の
ポテトチップスチョコレート
'石垣の塩' 660엔

이시가키 섬의 해수염을 사용한 포테토칩의 한쪽 면에 초콜릿을 코팅한 것이다. 달콤함과 짭짤함이 절묘한 밸런스를 이루는 한정 상품이다.

살 수 있는 곳
나하공항이나 이시가키공항 내의 매점.
오키나와 내 선물가게에서 판매

탄칸버터
たんかんバター 700엔(170g)

오키나와의 과일 탄칸을 통째로 사용한 수제 마멀레이드, 감귤계의 산뜻한 맛. 스콘이나 팬케이크와의 궁합도 발군이다.

살 수 있는 곳
오키나와 만마루 카페 무츠미도리점
沖縄まんまるカフェむつみ通り店
Tel 098-867-7708

타비스루 타르트 샌드
旅するタルトサンド 800엔(4개입)

과일 타르트를 테이크아웃할 수 있도록 만든 타르트 샌드. 바삭한 타르트 반죽에 말린 과일이 들어간 크림을 샌드한 것이다.

살 수 있는 곳
오하코르테 마츠오점 oHacorte 松尾店
Tel 098-866-4454

Deliver
단체용

오키나와에 반하다

기본 아이템
Basic item

완숙 키라키라 망고잼
完熟キラキラマンゴージャム 1,000엔

과실을 듬뿍 사용한 망고 잼이다. 오키나와 현의 특산품인 시콰사를 더해 산뜻하면서 달콤한 맛으로 완성되었다.

살 수 있는 곳
밀크 팜 카페 369 farm cafe
☎ 098-6497-3690

두커티Doucatty의 손수건
1,000엔부터

오키나와의 음식이나 생물을 모티브로 한 무늬가 귀여운 두커티의 손수건. 손수 물들인 것이라 촉감이 좋다.

살 수 있는 곳
후쿠라샤 ふくら舎(P200 참조)

아라가키 친스코
新垣ちんすこう 630엔(24개입)

오키나와 선물의 기본. 종류가 다양한 친스코 중에서도 역사가 있고 평판이 높은 아라가키 친스코는 고소하고 어딘가 그리운 맛이다.

살 수 있는 곳
아라가키 과자점 新垣菓子店
Map P47-Area1
☎ 098-886-6236

야마시로 홍차
山城紅茶 1,000엔부터(50g)

무농약 재배와 직접 손으로 따기를 고집하는 100% 오키나와산 홍차. 깔끔한 맛으로 호평을 받고 있으며 다양한 종류가 있다.

살 수 있는 곳
카페 차엔 Cafe CHA-EN
☎ 098-965-3728

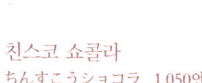

친스코 쇼콜라
ちんすこうショコラ 1,050엔

초콜릿으로 코팅한 친스코. 여성들이 좋아하는 달콤한 쇼콜라 밀크와 남성에게 추천하는 쌉쌀한 맛의 다크 쇼콜라 두 종류가 인기가 있다.

살 수 있는 곳
마쿠쿠루 나하 메인 플레이스점
マククル那覇メインプレイス店
☎ 098-951-3328

원조 베니이모타르트
元祖紅いもタルト 1,050엔(12개입)

촉촉한 타르트 반죽과 오키나와산 베니이모 100%의 진한 페이스트가 매치된 타르트. 원조의 맛을 고집하고 싶다면 이것을 추천한다.

살 수 있는 곳
오카시고텐 국제거리 무츠미바시점
御菓子御殿 国際通り むつみ橋店
☎ 098-951-2251

오키나와에 반하다

하야카와 나나미 씨와 함께 돌아보는
그릇과 수공예 가게

수많은 전통문화가 숨 쉬는 오키나와에는 수공예를 지켜나가려는 사람들이 많이 있다.
남국의 풍토가 낳은 그릇과 도구를 찾아 하야카와 나나미 씨와 함께 공방을 방문해 보자.

PROFILE

하야카와 나나미
수제 아이템 숍인 '리베타트LIVEART'의 디렉터로, 리베타트는 도쿄와 오사카에 점포를 두고 있다. 오키나와는 물건 매입을 위해 여러 차례 방문했으며, 사적으로도 도자기나 유리 공방 순회를 즐기는 그릇 마니아이다.

여행의 시작은 오키나와의 그릇을 이야기할 때 빼놓을 수 없는 요미탄손의 야치문노사토이다. 14개의 공방이 모인 광대한 부지의 가장 안쪽에 있는 '기타가마北窯'를 방문했다. 도공 4명의 공동 가마인 이곳에는 기법은 물론 흙과 유약도 철저히 오키나와의 것을 사용하며 민예 그릇으로서 오래전부터 익숙해져 있는 '야치문(도자기)'을 지켜나가고 있다. 하야카와 씨도 그런 그릇에 매료되어 "기타가마의 그릇은 오키나와다움을 지키면서도 독창적이에요. 아카에赤絵 그릇도 아주 멋져요."라고 그 매력을 이야기한다.

다음으로 방문한 곳은 5년 전에 개요한 '히후미火風水'. 오쿠비라 키요마사 씨가 부인과 둘이서 도자기를 만들고 있는 작은 공방이다. 오키나와의 전통적인 그림에 오리지널을 더한 그릇은 지금까지의 도자기에는 없던 그림이 신선하다. "호흡이 잘 맞는 부부라서 만들 수 있는 아름다운 그릇이에요. 부인이 한국의 전통 공예를 좋아하는 점도 영향을 줬을지 모르겠네요."라고 말하는 하야카와 씨. 마음에 드는 공방이 또 하나 늘었다고 한다.

01 소박하면서 따뜻한 전통이 숨 쉬는 그릇

오키나와의 사투리로 도자기를 의미하는 '야치문'.
전통을 지키면서 현대와도 어우러지는 그릇을 만드는 공방을 소개한다.

1 공방의 이름은 자연의 힘에 감사하여 붙인 것이라고 한다
2 집 모양의 용기와 종지 6개의 세트

도방 히후미
陶房 火風水

Map P129-Area2
Add 中城村新垣126
Tel 098-955-7331
Homepage tobohifumi.exblog.jp
Open 10:00~저녁 무렵, 부정기 휴무

선명한 그림이 그려진 그릇으로 식탁에 즐거움을 더하다

도예가인 오쿠비라 키요마사 씨와 부인의 공방&갤러리. 초록으로 둘러싸인 작은 집락의 외딴집으로, 색채가 풍부한 그릇이 맞이해 준다. 존재감이 강해 보이는 그릇이지만 신기하게도 어떤 요리를 담건 잘 어울린다는 평이 많다. 그것은 키요마사 씨가 부인이 담고 싶어 하는 요리를 상상하면서 즐거운 식탁이 되길 바라는 마음으로 만들었기 때문이 아닐까.

요미탄잔야키 기타가마
読谷山焼 北窯

네 명의 도공이 만들어 내는 오키나와의 향이 머무는 그릇들

마츠다 요네시, 마츠다 쿄시, 미야시로 마사타카, 요나하라 마사모리의 공동 가마로 1992년에 실립되었다. 오키나와 현내 최대인 13연방의 오름 가마를 가지고 있으며, 연 5회 불을 넣어 도자기를 굽고 있다. 3일에 걸쳐 구운 그릇은 가스나 전기 가마에는 없는 불빛의 그러데이션이나 소박한 질감이 매력이다. 매년 12월에 요미탄잔 가마와 공동개최하는 도기 시장도 인기 있다.

Map P129-Area1
Add 読谷村座喜味2653-1
Tel 098-958-6488
Open 09:30~17:30, 부정기 휴무

1 작품은 공방 근처의 공동판매점에서 구입 가능하다
2 마츠다 요네시 씨의 그릇. 길이 약 36cm로 세 가지 색채의 무늬가 부드러우면서 명랑하다

02 생활과 가까운 부드러우면서 세련된 그릇

도자기를 세상에 퍼트린 거장부터 젊은 작가까지,
오키나와의 숨결이 담긴 그릇을 만들고 있는 공방으로 안내한다.

요미탄잔야키 오미네 공방
読谷山焼 大嶺工房

Map P129-Area1
Add 読谷村座喜味 2653-1
Tel 098-958-2828
Open 10:30~18:00, 부정기 휴무

녹색 빛 가득한 갤러리에서 동경하는 그릇과 만나다

오키나와를 대표하는 도예가 오미네 짓세이 씨와 세 명의 아들이 도자기를 만드는 공방이다. 갤러리에는 이곳의 대명사인 아름다운 페르시안 블루 그릇을 시작으로 튼튼한 질그릇 등 존재감이 있는 작품들이 진열되어 있다. "처음으로 산 오키나와의 그릇이 오미네 짓세이 씨의 작품이에요. 부드러우면서 아름다운 그릇에 한눈에 매료되었지요."라고 하야카와 씨는 이야기한다.

1 오미네 짓세이 씨의 그릇. 최근에는 흙의 질감을 살린 그릇을 추구한다고
2 작가마다 선반을 나눠서 작품을 나열한 갤러리. 바닥에도 그릇이 즐비해 있다
3 페르시안 블루 시리즈 중 각병과 찻잔 세트

공방 코큐
工房コキュ

여성스러운 관점이 빛나는 작고 귀여운 그릇

기타가마에서 기술을 닦은 시바하라 유키코 씨의 공방. 사탕수수 밭에 둘러싸인 한적한 장소에서 유약 만들기부터 혼자서 직접 하고 있다. 찻잔이나 밥공기 등 조금 작은 크기의 그릇은 손에 딱 들어맞으며 겉보기에도 아주 귀엽다. 시바하라 씨가 자신 있다고 하는 뚜껑 있는 그릇은 다양한 크기의 여러 종류가 있으며 선물로도 인기 있다.

Map P129-Area1
Add 読谷村渡慶次1114-1
Tel 098-958-4170
Open 10:00~18:00, 부정기 휴무

1 밥그릇과 접시 외 피처나 젓가락 받침 등도 있다
2 현관과 정원을 에워싼 귀여운 화분
3 시바하라 유키코 씨(오른쪽)는 한 달에 한 번, 약 300개의 그릇을 가마에서 굽는다

무로가마
室生窯

예술 센스를 느낄 수 있는 심플하면서 모던한 작품 스타일

학생 시절에 미국에서 도자기를 배운 타니구치 무로 씨. 귀국 후에 산지를 돌며 요미탄잔야키의 야마다 신만 씨의 공방에서 기술을 쌓았다. 3년 전에 첫 도자기를 구운 이후, 지금은 오키나와다운 대담한 그림의 그릇을 중심으로 산지의 영향을 받은 그릇도 만들고 있다. 작품은 부인이 운영하는 '카페 하코니와'(P99 참조)에서 구입할 수 있다.

Add 名護市稲嶺1038-1
Tel 0980-58-2775

1 한 달에 4번, 등유 가마로 그릇을 구워 낸다
2 미술을 전공한 타니구치 마오 씨(오른쪽). 그릇을 캔버스라 생각하고 가볍게 그림을 그린다고 한다
3 그림이나 모양은 장인인 야마다 신만 씨의 가르침이 기초

Special Page

03 일상을 공예와 함께

생활을 풍족하게 해주는 오키나와의 공예는 도기 이외에도 많이 있다. 류큐 유리나 오키나와산 나무를 사용한 작품도 주목할 만하다.

후쿠라샤
ふくら舎

Map P49-2B
Add 那覇市牧志3-6-10(사쿠라자카 극장 내 1, 2층)
Tel 098-860-9255
Homepage fukurasha.net
Open 10:00~20:00

오키나와의 '진짜'가 모인 수공예의 보물창고

문화의 발신기지인 사쿠라자카 극장 안에 있는 숍이다. 오키나와의 혼이 담긴 것을 찾아 만드는 사람과의 연결 다리를 만들고자 오키나와 내 50개의 공방에서 좋은 작품들만 골라 진열해 놓았다. 나키진손의 바구니와 같은 희소한 아이템도 손에 넣을 수 있는 보물창고와 같은 곳이다.

1 오키나와 크래프트는 2층에서 판매. 1층에는 잡화와 헌 책 코너 외에 도자기로 요리를 즐길 수 있는 카페 '산고자 키친さんご座キッチン'도 있다
2 도기나 유리 외에 직물, 칠기, 민예품 등 오키나와의 모든 공예품이 갖춰져 있다

타마 목공상점
たま木工商店

오키나와의 자연을 느낄 수 있는 나무의 온기

"우리들이 사는 섬의 나무로 가정의 테이블에 따뜻함을 전하고 싶다." 그런 마음을 담아 오키나와의 나무로 일상용품이나 가구를 수주 제작하고 있는 타마모토 토시유키 씨. 상사수, 후피향나무, 멀구슬나무 등 섬에 자생하는 나무로 만든 밥공기와 커트러리는 가볍고 튼튼한 것들이 준비되어 있다.

Add 東村高江98-1(점포가 아니라 공방이므로 견학은 상담 필요)
Tel 0980-43-2177
Homepage tamamoku.net

1 사각의 손잡이가 사랑스러운 머그컵. 갓 끓인 커피로 한숨 돌려보자
2 "오키나와의 나무를 소중히 사용할 수 있는 물건을 만들고 싶다"고 이야기하는 타마모토 토시유키 씨

오너인 마에지마 타케시 씨. "1층의 카페에서는 가게에서 취급하고 있는 작가의 컵으로 차를 드셔 보세요."

모프모나 노 자카

mofgmona no zakka

생활감이 있는 공간에서 이야기가 느껴지는 그릇 찾기

카페 'mofgmona'에서 시작한 잡화점이다. 작가와 오랜 시간 왕래하면서 애정을 가지고 고른 그릇과 유리는 만드는 사람의 인품이 전해지는 코멘트를 덧붙여 디스플레이하였다. 젊은 작가부터 유명작가까지 약 30명의 작품이 진열되어 있다.

Map P129-Area2
Add 宜野湾市宜野湾2-1-29 宮里アパート301
Tel 050-7539-0473
Homepage mofgmona.com
Open 14:00~20:00, 월요일~목요일 휴무

1 잘 알려지지 않은 젊은 작가의 작품도 많으며, 오키나와의 '제철 그릇'도 만날 수 있다
2 일상을 도려낸 듯한 디스플레이는 그릇을 고를 때 힌트를 준다. 로프트 위에도 즐거운 공간이 펼쳐져 있으므로 보물찾기하는 기분으로 들여다보자
3 2013년 5월 아파트의 3층으로 이전했다. 점내에는 신발을 벗고 들어가자

오쿠하라 유리 제조소
奥原硝子製造所

옛 류큐의 유리를 지키는 노포

오키나와에서 가장 오래된 역사를 가진 류큐 유리 제조소. 옛날 그대로의 모양과 기법으로 만들어진 유리와 그릇은 심플하면서 사용하기에도 아주 편리하다. 재생 유리의 소박한 감촉에도 치유받는 듯하다. 공방에서는 예약제 유리 체험도 실시하고 있다. 나만의 오리지널 유리나 작은 꽃병을 만들어 가지고 돌아갈 수 있다.

Map P49-2B
Add 那覇市牧志3-2-10 てんぶす那覇 2F
Tel 098-868-8885
Open 09:00~18:00(체험 공방은 목요일 정기 휴무)

1 기계와 같이 정밀하고 망설임 없이 모양을 만들어가는 장인의 기술은 감동 그 자체
2 컨베이어 시스템에 의해 하나의 그릇이 완성. 불어서 유리를 완성시킬 수 있을 때까지는 4, 5년이 걸린다고 한다

03
오키나와 숙소 가이드
ACCOMMODATION GUIDE

01 작지만 기분 좋은 호텔

바다와의 일체감을 맛볼 수 있는 인피니티 풀은 4월 하순~10월 중순까지 수영 가능하다

치루마
chillma

요리도 할 수 있는 리조트 스테이

이름의 유래는 류큐 왕조 시대의 섬을 부르던 이름인 '우루마うるま'와 긴장을 푼다는 뜻의 영어 'chill out'에서 온 것이다. 나키진손의 단애 절벽에 세운 숙소에 발을 들이면 눈앞에는 오션 블루의 절경이 펼쳐

적토를 사용해 채색한 건물의 벽은 남유럽의 풍취가 느껴진다. 바다와의 대조가 아름답다

진다. 55m² 크기의 넓은 객실은 빌라 스타일의 3동뿐. 편안함을 가장 중요하게, 너무 지나치지 않도록, 어딘가 부족한 정도를 목표로 한 기분 좋은 공간이다. 전 객실에 주방과 조리 도구가 있으며, 호텔 아래의 프라이빗 비치에서 해수욕도 즐길 수 있으므로 생활하듯 천천히 지내보자.

심플하면서 청결감이 있는 오션 뷰의 배스룸

Map P93-Area3
Add 今帰仁村運天506-1
Tel 0980-56-5661
Homepage chillma.jp
Open 체크인 15:00 / 체크아웃 11:00
Room 총 3실(1실에 어른 2명, 초등학생 이하 아이 1명까지)
Booking 인터넷
Road 쿄다許田IC에서 23km

오키나와 숙소 가이드

어른 두 명이 잘 수 있을 것 같은 큰 침대가 준비되어 있다. 방마다 배치가 다르다

조식은 09:00~11:00. 야채를 사용한 비건 메뉴를 맛볼 수 있다

발리 가구가 놓인 동남아시아 리조트를 방불케 하는 분위기

접수는 반원 모양의 흰 건물에서, 눈 앞에 펼쳐지는 바다를 보며 유유자적할 수 있다

& 하나 스테이
& Hana Stay

작은 섬의 작은 숙소에서 만나는 아담한 럭셔리

전체 길이 약 2km의 코우리 대교古宇利大橋가 개통하면서 해마다 인기가 높아지고 있는 코우리 섬古宇利島. 바다를 내려다보는 작고 높은 언덕에 서 있는 코티지 두 동뿐인 작은 숙소가 바로 이곳이다. "순수 만든 것으로 대접한다"를 모토로 오너 부부가 직접 가꾼 공간은 따뜻함이 있는 핸드메이드로 넘치고 있다. 파스텔컬러를 기조로 한 객실이나 비누 향이 기분 좋은 시트류 등 사소한 배려로 손님을 대접하고 있다. 조식으로는 도시락&수제빵이 있으며, 장소나 시간에 얽매이지 않고 식사를 할 수 있는 장점이 있다. 오키나와에서의 느긋한 시간을 만끽해 보자.

Map P93-Area3
Add 今帰仁村古宇利2281
Tel 0980-56-3281
Homepage www.and-hana-stay.com
Open 체크인 16:00 / 체크아웃 10:00
Fee 1박(조식 포함) 13,000엔
Room 총 2실(1실에 3명까지, 10세 이상)
Booking 인터넷, 전화, 팩스
Road 쿄다許田IC에서 29km

배가 고픈지 귀여운 표정으로 접수 룸을 바라보는 고양이

배스룸에 있는 파스텔 블루의 목제 의자는 주인이 직접 페인트칠한 것이라고 한다

밤사이에 방으로 배달되는 조식. 아침에 해변으로 산책하러 가는 것도 좋을 것 같다

코티지의 한 구석에 있는 부겐빌레아 꽃. 벤치에 앉아 사색에 잠겨 보자

캐스 키드슨Cath Kidston 등의 귀여운 패브릭으로 통일시킨 소녀 감성의 객실

실외에 바다와 저녁노을이 보이는 개실 샤워, 옥상에는 섬들을 전망할 수 있는 오픈 자쿠지를 설치해 놓았다

포 룸스
FOUR ROOMS

여행을 좋아하는 오너가 만든 어른의 작은 리조트

본섬과 세소코 대교瀨底大橋로 연결된 세소코 섬에서 으뜸가는 인기 숙소. 이름대로 네 개의 객실만 있는 호화스러운 이곳은 20세 미만은 머물 수 없는 어른용 숙소이다. 여행 프로그램의 방송 작가로 일한 경력이 있는 오너가 호텔의 곳곳에 여행의 포인트를 느낄 수 있도록 재치 있게 꾸며 놓았다. 숙소에서 추천할 곳은 옥상의 자쿠지에서 바라보는 파노라마 뷰와 별이 가득한 하늘. 고정 팬이 있을 정도로 호평인 식사는 아침과 저녁 두 번 제공된다.

사람을 잘 따르는 대형견 두 마리와 고양이 두 마리가 맞이해 준다

Map P92-Area3
Add 本部町瀬底4588-1
Tel 0980-47-3404
Homepage four-rooms.jp
Open 체크인 16:00 / 체크아웃 10:30
Fee 1박(아침 및 저녁 식사 포함) 13,850엔
Room 총 4실(예약은 2명 1실, 20세 이상)
Booking 인터넷, 전화
Road 쿄다許田IC에서 23km

전 객실은 히가시시나 해東シナ海를 조망할 수 있는 오션 뷰가 펼쳐진다. 자명종 대신 새의 지저귐이 매우 사치스러운 기분이다

객실에는 시계가 없다. 베란다에 있는 해먹에서 섬의 시간을 즐겨보자

2층의 우드 테라스. 때때로 오가는 배를 바라보고 있는 것만으로 치유되는 기분이다

틴토 틴토

tinto tinto

아이와 함께 즐길 수 있는 내추럴한 숙소

현도県道에서 작은 길로 들어서는 곳에 있는 밭으로 둘러싸인 작은 숙소. 플로링에 삼나무 목재, 다다미에 류큐 비구(골풀)를 사용한 내추럴하면서 차분한 객실, 느긋하게 보낼 수 있는 2층의 테라스 등 힐링 포인트가 가득하다. 유아용 서비스도 있어 가족층에게 호평을 받고 있다. 부지 내에는 오너의 부모님이 운영하는 숙소 '마찬・마찬マチャン・マチャン'도 있으며 넓은 일본식 방(1실)에서도 머물 수 있다.

카페 룸에는 오키나와 작가의 도자기도 있다. 구입도 가능하다

Map P93-Area3
Add 今帰仁村渡喜仁385-1
Tel 0980-56-5998
Homepage tintotinto.com
Open 체크인 16:00 / 체크아웃 10:00
Fee 1박(조식 포함) 10,185엔부터
Room 총 2실(1실 4명까지)
Booking 인터넷
Road 쿄다IC에서 28km

류큐석회암으로 만든 담이나 부겐빌레아 등 오키나와스러움이 곳곳에 묻어나는 외관

객실은 4.5조의 다다미를 깐 일본식과 서양식의 혼합형. 창문을 열어젖히면 웃파마 해변이 보인다

이치방자―番座, 니방자二番座라 불리는 플로어. 칸막이가 없어 개방적이다

무심코 카메라에 담고 싶어지는 고택의 자취가 가득하다

캬낙
CANAC

옛날 류큐 가옥에서 향수 어린 일박을

모토부 항이 바라보이는 높은 곳에 위치한, 지어진 지 100년 이상 된 민가를 이축한 숙소이다. 방의 배치는 오키나와 독자의 풍수를 도입한 것으로, 옛날 그대로의 오키나와의 삶을 체험할 수 있다. 다다미가 4장 반인 방이 3개, 6장인 방이 1개 있으며 바비큐 세트를 빌릴 수 있어(숯 포함, 1대 1,800엔) 대인원이 이용하기에 좋다. 이외에 코티지 타입의 별동 3동도 병설되어 있다.

Map P93-Area3
Add 本部町渡久地286-8
Tel 0980-47-2233
Homepage www.geocities.jp/canac_okinawa_motobu
Open 체크인 15:00 / 체크아웃 11:00
Fee 6명까지(식사 미포함 시) 25,000엔부터, 7명 이상은 1명당 1,000엔 추가
Room 고택 1동, 나머지 3동
Booking 전화
Road 쿄다許田IC에서 26km

부지 내에는 여러 마리의 고양이가 있다. 사진은 수고양이 '오모치'

오키나와의 고택에서 볼 수 있는 엔가와緣側, 아마하지雨端. 수다를 떨거나 멍하니 있고 싶어진다

섬이 내려다보이는 인피니티 풀이 객실마다 있다. 11~4월은 온수 풀

빌라 델라 세라
Villa Della Sera

코우리 섬의 돈대에서 특별한 리조트 타임을

발리의 빌라를 콘셉트로 한 코우리 섬에 있는 숙소로, 오로지 두 팀만을 한정으로 받는 곳이다. 객실에서 코우리 대교가 걸쳐진 에메랄드 그린의 바다를 내려다볼 수 있는 절호의 위치가 이곳의 포인트이다. 객실마다 설치된 프라이빗 풀, 캐노피 침대, 베란다의 야외 욕조 등 분위기를 고조시켜줄 서프라이즈가 준비되어 있다. 요리사인 주인이 만드는 식사도 추천한다.

남국 리조트를 방불케 하는 입구. 간판은 얀바루의 숲에서 구한 한 장의 판자로 주인이 직접 만든 것

캐노피 달린 침대나 잡화류 등 발리의 일상도구들로 통일된 아시안 무드가 감도는 멋진 객실

Map P93-Area3
Add 今帰仁村古宇利131
Tel 0980-56-1024
Homepage www9.plala.or.jp/della-sera
Open 체크인 15:00 / 체크아웃 11:00
Fee 1박(조식 포함) 20,000엔
Room 2실(1실 2명까지, 16세 이상)
Booking 인터넷, 전화
Road 쿄다IC에서 28km

기분 좋은 흔들림이 선잠을 부르는 행잉 체어

02 하루 한 팀 한정의 특별한 숙소

워터 히아신스로 만든 발리의 잡화가 놓인 방에서 리조트 기분을 만끽하자

빌라 수아라 나키진

villa suara nakijin

따뜻한 환대로 맞이하는 성인 여성을 위한 숨겨진 숙소

한적한 농촌 풍경이 남아 있는 나키진손에 있는 빌라 수아라 나키진은 하루 한 팀, 13세 이상, 여성 한정의 숙소이다. 객실의 건너에는 기분 좋을 정도로 광대한 초원이 펼쳐져 있다. 침대를 덮는 하얀 사, 컬러풀한 바티크, 배스룸에 아무렇지 않게 장식된 잡화. 어디를 잘라

햇볕을 부드럽게 막아주는 캐노피가 달린 세미 더블 베드. 푹 잘 수 있을 것 같다

안심할 수 있고 피부에 부드러운 연수기를 설치한 배스룸. 디스플레이된 잡화도 멋지다

보아도 그림이 되는 소녀마음을 간질이는 귀여움이 가득하다. 발리나 오키나와현의 어메니티와 페이스 스티머의 무료 대여 등 여성들이 좋아할 만한 서비스도 실시하고 있다. 친구끼리, 혹은 엄마와 함께 여자만의 여행을 즐겨 보자.

Map P93-Area3
Add 今帰仁村与那嶺223-3
Tel 090-5268-2272
Homepage suarau.com
Open 체크인 15:00 / 체크아웃 11:00
Fee 1박(조식 포함) 9,000엔부터(8월~ 9,500엔)
Room 1동(2명까지, 13세 이상)
Booking 인터넷, 전화
Road 쿄다許田IC에서 20km

발리에서 가져온 비누나 나키진손의 화장수인 겟토스이 月桃水 등. 어메니티에서도 이곳만의 개성이 빛난다

오너가 좋아해서 모으고 있는 발리의 염색물인 바티크로 방을 수놓는다

초록이 가득한 조용한 숙소. 걱정 없이 느긋하게 지낼 수 있다

세이헤이노야도 요한
誠平の宿 JOHAN

섬의 자연스러운 일상을 느낄 수 있는 숲 속의 비밀 숙소

창작 프렌치 요리와 맛있는 술이 호평인 숨겨진 카페 바 '아틀리에 카페 바 세이헤이 atelier cafe bar 誠平'. 식사를 하고 어딘가 묵을 곳이 있었으면 좋겠다는 카페 단골손님으로부터의 요청에 따라 가게 옆에 세운 집을 오베르주 느낌으로 사용할 수 있는 숙소이다. 나무들에 둘러싸인 방은 음이온이 많은 힐링 공간. 우드 데크에는 해먹도 있으며 마치 자신의 집처럼 편안히 쉴 수 있다.

사랑스러운 얼굴의 파블로는 사람을 잘 따르는 인기쟁이 이다

숙박객에게는 진저 등으로 만든 수제 시럽을 선물한다

Map P93-Area3
Add 今帰仁村仲尾次825
Tel 0980-56-5565
Homepage seihei.ti-da.net
Open 체크인 18:00 / 체크아웃 13:00
Fee 1박(조식 미포함 시) 9,000엔
Room 1실(2명까지)
Booking 전화
Road 쿄다IC에서 23km

유럽과 일본의 앤티크를 조합한 멋진 카페 바

약 55m²의 편안한 느낌의 테라스 스위트. 중앙에는 퀸 사이즈의 침대가 놓여 있다

원 스위트 코우리 호텔&리조트

ワンスイートコウリホテル&リゾート

스위트룸과 같은 객실에서 섬의 자연을 만끽하다

코우리 섬에 위치해 있으며 한 동을 통째로 빌리는 숙소이다. 옥상에서 절경이 한눈에 보이는 '파노라마 스위트'와 느긋한 공간이 매력적인 '테라스 스위트'의 두 동이 있으며, 스위트룸과 같은 호화로운 공간이다. 또, 전속 플로리스트와 셰프의 스페셜한 대접도 이곳의 자랑거리이다. 주위를 사탕수수밭이 둘러싸고 있으며 별이 반짝이는 하늘을 관찰하거나 고래 관찰(12월 하순~3월) 등 자연과의 만남도 즐길 수 있다.

Map P93-Area3
Add 今帰仁村古宇利2593-5(테라스 스위트), 今帰仁村古宇利2427-10(파노라마 스위트)
Tel 0980-52-8040
Homepage www.onesuite.jp
Open 체크인 15:00 / 체크아웃 11:00
Fee 1박(조식 포함) 19,500엔부터
Room 2실(테라스 스위트 2명, 파노라마 스위트 6명)
Booking 인터넷, 전화
Road 쿄다許田IC에서 29km

디너는 현지 시장에서 구한 식재료를 사용한 창작 프렌치 요리가 나온다(예약제)

우드 데크에는 아시아의 분위기가 느껴지는 벤치가 있다. 엎드려 누워 별하늘을 바라보고 싶다

04
오키나와 여행 정보
TRAVEL INFORMATION

01 오키나와 기본 정보

오키나와 소개

오키나와현은 일본의 남서부이자 최서단에 위치한 현이다. 원래는 류큐 왕국이라는 독립국가였으며, 일청 양국과 관계가 있었지만 메이지 시대부터 일본에 편입되었다. 1945년에는 태평양 전쟁으로 미군이 상륙하여 여성이나 아이를 포함한 민간인까지 연루된 처참한 지상전이 일어났다. 이 전쟁에서 일본군은 패배하였고, 오키나와는 전후 1972년까지 미국의 점령하에 있었다. 이런 사정으로 일본 본토 46개의 도, 부, 현과는 문화와 종교가 크게 다르며 미군 기지도 많이 남아있다. 오키나와는 해상수송로의 요점이기도 하다.

기후

연간 평균 기온이 20도를 넘는 오키나와는 아열대 기후의 가장 따뜻한 곳이다. 여름에는 뜨거운 햇빛을 자랑하지만 주위가 바다로 둘러싸여 있어 한낮의 최고 기온이 30도를 크게 넘는 경우는 적다. 통상적으로 오키나와는 5월부터 장마에 들어가므로 오키나와 여행을 준비한다면 장마가 걷히는 6월 말부터 태풍이 오기 전인 10월 초까지를 추천한다. 기후에 대한 자세한 내용은 P236 참조.

전압

일본은 110V 전압을 사용하므로 변압기가 필요하다. 대부분의 호텔에 변압기가 구비되어 있지 않으므로 필히 준비하도록 하자.

긴급 연락처

주 후쿠오카 대한민국 총영사관
Add 福岡県福岡市中央区地行浜1-1-3
Tel 092-771-0464

참고할 만한 오키나와 여행 정보 관련 사이트

오키나와 관광청 공식 사이트　　http://kr.visitokinawa.jp/
오키나와 현 공식 홈페이지　　　http://www.pref.okinawa.jp/

한국에서 오키나와 가기

한국에서 오키나와로 갈 수 있는 방법은 인천국제공항에서 나하공항으로 가는 방법과 김해국제공항에서 나하공항으로 가는 방법이 있다. 인천국제공항에서는 아시아나, 진에어, 제주항공, 티웨이에서 매일 운항하고 있으며, 김해국제공항에서는 아시아나 항공이 수·금·일요일에 운항하고 있다.

인천국제공항 홈페이지　　　http://www.airport.kr/
김해국제공항 홈페이지　　　http://www.airport.co.kr/gimhae/index.do
나하공항 국제선 여객 터미널 홈페이지
　　　　　　http://www.naha-airport.co.jp/terminal/international/

02 오키나와 교통수단

유이레일

나하 시내의 15곳의 역을 연결하며, 나하 공항과 슈리 사이를 왕복하는 오키나와 도시 모노레일이다. 정체도 없고 수월하게 이동할 수 있어서 추천한다. 국내선 빌딩 2층과 직결된 나하공항 역은 일본 최서단의 역으로 알려져 있으며, 개찰구 옆에는 기념비가 설치되어 있다. 관광 목적으로 이용한다면 1일승차권이나 2일승차권과 같은 자유승차권이 편리하다. 구입한 시간으로부터 계산하기 때문에 도착 날 저녁 구입해도 다음 날 저녁까지 사용할 수 있다.

주요 관광 스폿과 근처 역

국제거리 → 켄초마에 역県庁前駅 · 미에바시 역美栄橋駅 · 마키시 역牧志駅 하차
다이이치 마키시 공설시장 → 미에바시 역美栄橋駅 하차
츠보야 야치문 거리 → 마키시 역牧志駅 하차
DFS → 오모로마치 역おもろまち駅 하차
슈리성 → 슈리 역首里駅 하차

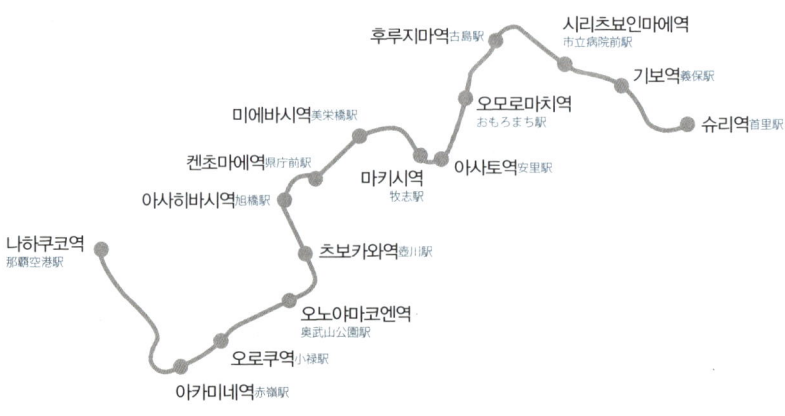

오키나와에 반하다

렌터카

국내선 건물의 1층에 렌터카 안내창구가 있으며, 예약 및 상담은 이곳에서 하면 된다. 각 렌터카 회사까지 가는 버스는 15~20분마다 운행하고 있다. 시기에 따라 렌터카 예약이 혼잡할 수 있으므로 그런 경우는 현지에 오기 전에 예약해 두도록 하자.

리무진 버스

나하 공항에서 중·북부의 주요 리조트 호텔까지 다이렉트로 가는 공항 리무진 버스가 운행하고 있다. 렌터카를 빌릴 예정이 없는 사람이나 첫 날은 호텔에서 느긋하게 보내고 싶은 사람에게 추천하고 싶은 교통수단이다. 1층의 관광안내소에서 리무진 버스의 안내나 관광 정보, 지도 등을 얻을 수 있다.

03 공항 쇼핑

오키나와 미츠코시 沖繩三越

코쿠토 안다기 kokuto Andagi 10개입 500엔

결혼식장의 셰프가 사적으로 만든 것이 상품화된 것이다. 돔 모양의 패키지가 멋진 흑설탕 사타안다기는 단맛을 억제하고 부드러운 식감이다.

코럴 웨이 Coral way

류큐노 츠키 琉球の月 8개입 1,995엔

오키나와현 식재료 100%의 흑설탕 팥소와 베니이모 팥소가 들어간 도라야키. 부드럽고 촉촉한 피에 고급스러운 단맛의 팥소가 매치된 화과자.

코럴 웨이 Coral way

류큐 바움쿠헨 琉球パウムクーヘン 18개입 1,796엔

베니이모나 타라마 산 흑설탕 등 오키나와의 식재료를 사용한 바움쿠헨을 한입 크기로 만든 것이다. 플레인 맛은 사탕수수가 원료인 오키나와현의 럼주를 사용하고 있다.

지미 Jimmy's

리치 머핀 リッチマフィン 6개입 1,410엔

오키나와의 노포 베이커리인 지미의 공항 한정 상품. 오키나와산 흑설탕이나 소금을 사용한 흑설탕 머핀, 솔트&캐러멜 머핀 등 총 6종류의 맛을 즐길 수 있다.

블루 스카이 BLUE SKY

베니모 레어 케이크 슈리 紅芋レアケーキシュリ
10개입 1,676엔

고구마와 베니모의 2층으로 된 레어 케이크는 감칠맛이 있으며 크리미하다. 냉동 상태로 판매하며 해동 단계마다 다양한 풍미와 식감을 즐길 수 있다.

공항 도시락

이시가키 섬의 미사키규메시
石垣島の美崎牛めし 1,260엔

- 이시가키 섬의 미사키 소를 스키야키풍으로 만든 후 밥 위에 듬뿍 올린 도시락

이시가키 섬의 미사키규소보로
石垣島の美崎牛そぼろ 840엔

미사키 소의 달콤하면서 짭짤한 소보로와 달걀지단, 갓은 잘 어울리는 조합이다

구루쿤 시오야키 이나리&고야 이나리
グルクン塩焼きいなり＆ゴーヤーいなり 525엔

고야 초절임, 구루쿤(다카사고)의 소금구이를 잘게 찢은 후 각각 밥에 섞어 만든 유부초밥

마 샌드 ま～サンド 893엔

부드럽고 육즙이 가득한 오키나와의 돼지고기를 사용한 카츠샌드

공항 도시락 판매처 소라벤 타치카와空井 立川 Tel 098-987-4863

04 오키나와 본섬에서의 이동

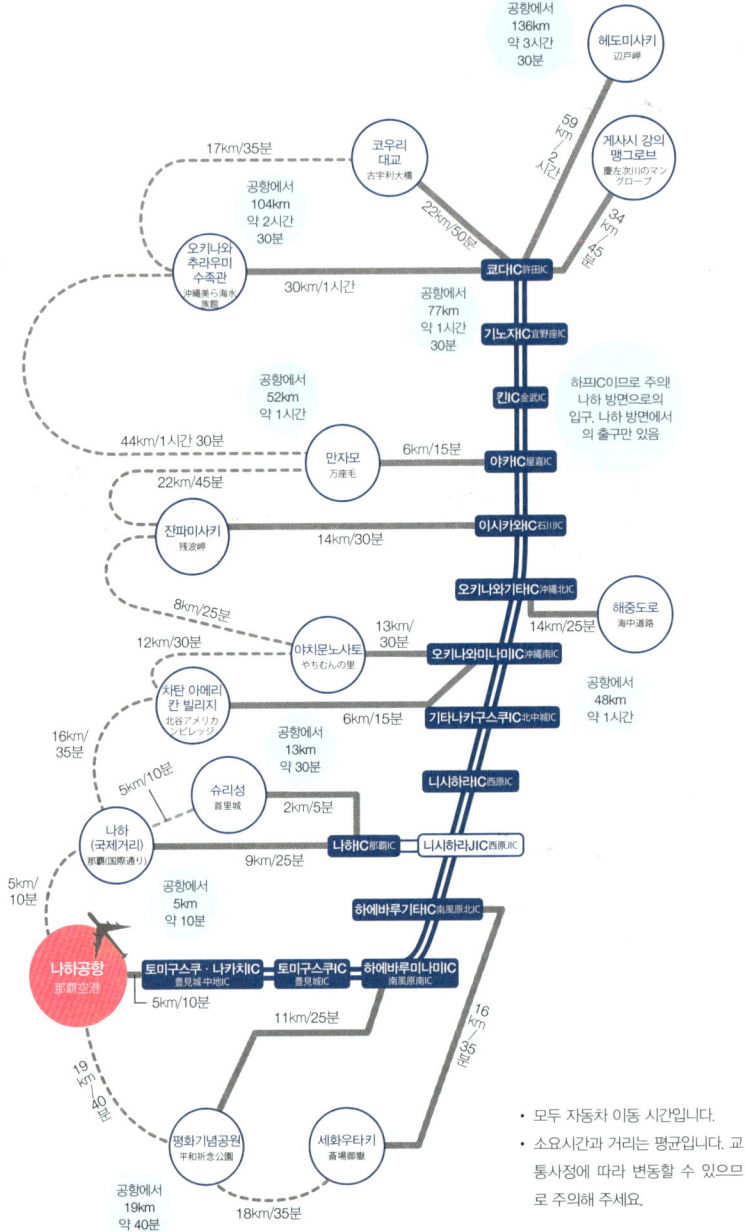

- 모두 자동차 이동 시간입니다.
- 소요시간과 거리는 평균입니다. 교통사정에 따라 변동할 수 있으므로 주의해 주세요.

오키나와에 반하다

운전 시 주의할 점

오키나와의 도로 사정은 일본 본토와는 조금 다르며, 몇 가지 주의가 필요하다.
쾌적한 드라이브를 위해 체크하도록 하자.

중앙선이 이동한다
아침과 저녁에 중앙선이 바뀌는 도로가 있으므로 주의하자. 사진의 화살표와 × 표시에 주의

나하 시내는 만성적으로 정체한다
저녁의 58호선은 특히 주의하자. 귀국 비행기나 렌터카 반납 등은 여유를 두고 시간을 계산해야 한다.

Y 넘버 차량에 주의
나하시, 기노완시를 중심으로 기지관계의 차량이 빈번하게 주행하고 있다. 만약 그들 차를 상대로 사고를 일으키면 처리가 복잡해지므로 특히 주의가 필요하다.

버스 전용 차선을 통행해서는 안 된다
주요 도로에 설정되어 있는 버스 전용 도로는 시간대에 따라 일반 차는 통행 불가능하다. 아침저녁만일 경우도 있고 하루종일 불가능한 경우도 있다. 단속이 꽤 엄하기 때문에 주의해야 한다.

일요일 오후 국제거리는 통행금지가 된다
국제거리에서는 일요일 오후부터 저녁 6시까지 '트랜싯 몰(보행자 천국)'이 실시된다. 일부 도로를 제외하고 횡단할 수 없으므로 주변을 차로 통행하는 경우는 주의가 필요하다.

미끄러지기 쉬운 노면이다
오키나와의 아스팔트에는 석회암이 함유되어 있어 미끄러지기 쉬우므로 주의하자. 비 오는 날은 특히 미끄러지기 쉬우며, 저녁은 노면이 빛을 반사하여 중앙선을 보기 어려워질 정도이다.

05 오키나와 관광 캘린더

수영할 수 있는 시기나 복장의 준비, 놓칠 수 없는 이벤트 등을 체크하자.
자신만의 베스트 시즌을 찾아 여행 계획을 세우도록 하자.

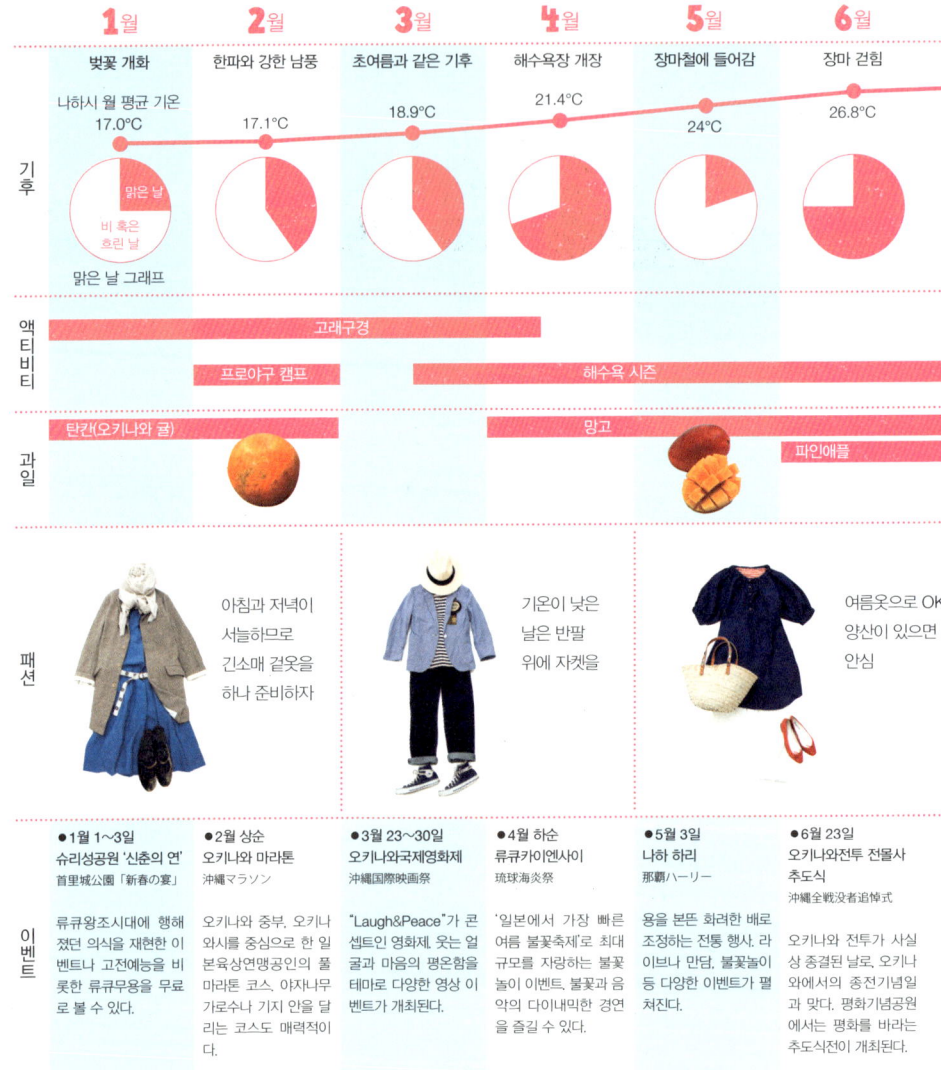

	1월	2월	3월	4월	5월	6월
	벚꽃 개화	한파와 강한 남풍	초여름과 같은 기후	해수욕장 개장	장마철에 들어감	장마 걷힘
기후	나하시 월 평균 기온 17.0°C	17.1°C	18.9°C	21.4°C	24°C	26.8°C

액티비티: 고래구경 / 프로야구 캠프 / 해수욕 시즌

과일: 탄칸(오키나와 귤) / 망고 / 파인애플

패션:
- 아침과 저녁이 서늘하므로 긴소매 겉옷을 하나 준비하자
- 기온이 낮은 날은 반팔 위에 자켓을
- 여름옷으로 OK. 양산이 있으면 안심

이벤트:

●1월 1~3일
슈리성공원 '신춘의 연'
首里城公園 「新春の宴」
류큐왕조시대에 행해졌던 의식을 재현한 이벤트나 고전예능을 비롯한 류큐무용을 무료로 볼 수 있다.

●2월 상순
오키나와 마라톤
沖縄マラソン
오키나와 중부, 오키나와시를 중심으로 한 일본육상연맹공인의 풀마라톤 코스. 야자나무 가로수나 기지 안을 달리는 코스도 매력적이다.

●3월 23~30일
오키나와국제영화제
沖縄国際映画祭
"Laugh&Peace"가 콘셉트인 영화제. 웃는 얼굴과 마음의 평온함을 테마로 다양한 영상 이벤트가 개최된다.

●4월 하순
류큐카이엔사이
琉球海炎祭
'일본에서 가장 빠른 여름 불꽃축제로 최대 규모를 자랑하는 불꽃놀이 이벤트. 불꽃과 음악의 다이내믹한 경연을 즐길 수 있다.

●5월 3일
나하 하리
那覇ハーリー
용을 본뜬 화려한 배로 조정하는 전통 행사. 라이브나 만담, 불꽃놀이 등 다양한 이벤트가 펼쳐진다.

●6월 23일
오키나와전투 전몰자 추도식
沖縄全戦没者追悼式
오키나와 전투가 사실상 종결된 날로, 오키나와에서의 종전기념일과 맞다. 평화기념공원에서는 평화를 바라는 추도식전이 개최된다.

7월	8월	9월	10월	11월	12월
해변 시즌	에이사 축제 시즌	태풍 시즌	해변 시즌 끝	기후 안정	일루미네이션
28.9°C	28.7°C	27.6°C	25.2°C	22.1°C	18.7°C

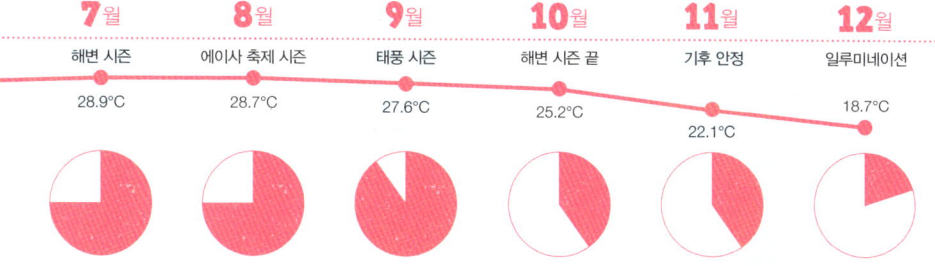

 드래곤 프루트
바나나

 시콰사

민소매나 반소매 차림. 자외선에 대한 대책에 반전을

10월 중순부터는 긴소매가 필요한 날이 드문드문

일본 본토와 비교하면 따뜻한 편이지만 차가운 바람이 부는 날도 늘어난다

● 7월 중순(날짜 미정)
해양박공원 섬머 페스티벌 海洋博公園サマーフェスティバル

추라우미 수족관이 있는 해양박공원에서 쏘아올려지는 약 1만 발의 불꽃이 압권이다. 어트랙션이나 콘서트도 열린다.

● 8월 중순
여름축제 in 나하
1만 명의 에이사 오도리다이 夏祭りin那覇 一万人のエイサー踊り隊

오키나와현 내 각지에서 모인 단체가 펼치는 전통적인 춤부터 현대적인 퍼포먼스까지 다채로운 연무를 볼 수 있다.

● 9월 7~9일
오키나와전도 에이사마츠리 沖縄全島エイサーまつり

오키나와 시에서 행해지는 오키나와현 내 최대 규모의 에이사 이벤트. 선정된 단체의 화려한 연무를 볼 수 있다.

● 10월 중순(날짜 미정)
오키나와 산교마츠리 (산업축제) 沖縄の産業まつり

메이드 인 오키나와의 음식이나 크래프트가 한자리에 모이는 이벤트. 특히 명물 상품의 시식 판매가 인기 있다. 이시가키 섬이나 미야코 섬의 명물도 모인다.

● 11월 중순
츠보야 도기 마츠리
壺屋陶器まつり

츠보야 야치문 거리에서 개최되는 도기 시장. 평소보다 20% 이상 저렴하게 구매할 수 있고, 옥션이나 체험 이벤트도 개최된다.

● 12월 상순
NAHA 마라톤
NAHA マラソン

참가자 수 약 2만 5천 명인 오키나와현 내 최대 마라톤 대회. 국제거리부터 평화기념공원까지 현지인들의 따뜻한 응원이 함께한다.

오키나와 여행 정보

INDEX

& 하나 스테이 209

20세기 하이츠 135

H
H&B 젤라 오키나와 마키시점 52

ㄱ
가지만로 97
갈리반트 베이커리 103
갤러리 k. 36
갤러리 우츠와야 156
경식당 루비 74
고야 텐푸라야 54
공방 코큐 197
그릇+찻집 보노호 186

ㄴ
나간누 섬 21
나카모토 선어점 169
나키진 성터 114

나하시 다이이치 마키시 공설시장 51
남염다방 아이카제 100
니라이 다리 카나이 다리 173
니라이 비치 18

ㄷ
더 테라스 클럽 앳 부세나 124
도기공방 이치 158
도방 마키야 185
도방 히후미 194

ㄹ
라 쿠치나 소프 부디크 66
래트&십 146
로기 133
로보츠 68
로타 161
류큐차칸 65
류큐카시도코로 류구 55
류핀 온나노에키점 104

르네상스 비치 16
리잔 시 파크 비치 16

ㅁ
마미야 가마보코마키시점 53
마법커피 139
마키노코 제작소 162
만자 비치 15
모프모나 노 자카 202
무나카타도 30
무로가마 198
미무리 71
미바루 비치 19
미야기야 블루스폿 66

ㅂ
바카르 81
벳칸 셀룰로이드 84
부세나 비치 17
비 내추럴 181
비세의 후쿠기 가로수길 113
빌라 델라 세라 218

빌라 수아라 나키진 220

ㅅ

사치바루마야 171
세소코 비치 20
세이헤이노야도 요한 222
세화우타키 174
소바도코로 스마누메 76
숲의 식당 스마일 스푼 111
슈리성 61
시마 도넛 116
시마야사이 요리&오가닉 와인 우키시마 가든 77
시장의 헌책방 우라라 57
시카고 앤티크 150

ㅇ

아라카키 젠자이야 105
아메리칸 웨이브 152
아시안 허브 레스토랑 카페 쿠루쿠마 167
아틀리에+숍 코코코 183
야가지 섬 115

야에다케 베이커리 102
야치문노사토 155
양조주 바 카후시 82
오쿠마 비치 18
오쿠하라 유리 제조소 203
오키나와 다이치 호텔 85
오키나 소바와 차도코로 야기야 177
오키나와 잡화 니누파 123
완구 로드 워크스 70
요미탄잔야키 기타가마 195
요미탄잔야키 오미네 공방 196
욘나 푸드 35
우치나차야 부쿠부쿠 59
원 스위트 코우리 호텔&리조트 224
이에 섬 118
이케이 비치 20
이토만 어민식당 41
이페 코페 141
인디고 160

ㅈ

잡화점 [소] 137
잡화 툭툭 65

ㅊ

차도코로 마카베치나 175
차햇 나하 67
츠보야 야치문도리 58
치루마 206

ㅋ

카누차베이 호텔&빌라 126
카마니 60
키시 비엔토 122
카키노하나히자 172
카페 빈스 179
카페 스이 145
카페 쿠쿠무이 121
카페 플라눌라 67
카페 하코니와 99
캬낙 216
커피 스탠드 코미네 52
코마카 섬 22

코우리 섬 115
코히야타이 히바리야 64
쿠니가미손 환경교육센터 얀바루 마나비노모리 96

ㅌ
타마 목공상점 201
타코스 전문점 타코스야 국제거리점 75
텐 131
티투티 오키나와 크래프트 64
틴토 틴토 214

ㅍ
펄 147
플라밍고 153
플라우만스 런치 베이커리 33
피제리아 온다 144
피파치 키친 79

ㅎ
하마베노 차야 168
하타오리 공방 시욘 184
핸드메이드 코스메 프로모 팩토리&숍 163
향토요리 아와모리 유난기 73
호텔 JAL 시티 나하 87
호텔 로코아 나하 88
후쿠라샤 200
히즈키 38
히지오타키 95